PRANA mit Tieren © by Siegfried Sticher

Das wichtigste überhaupt !!!

Alle in diesem Buch angewandten Techniken basieren auf einer fundierten Ausbildung zum Pranaanwender und der Umsetzung dieses Wissens auf die Arbeit an und mit Tieren. Alle Tätigkeiten der hier erwähnten Pranasitzungen wurden mehrmals geprüft und getestet. Dennoch können weder der Autor, noch das Verlagshaus Verantwortung für das Umsetzen der neu erworbenen Kenntnisse der Leser übernehmen. Ich als Autor verweise ausdrücklich auf die Zusammenarbeit mit einem Tierarzt oder anerkannten Tierheilpraktiker.

1.Auflage 2008

© 2007 – 2008 by Siegfried Sticher

Herstellung und Verlag :
Books on Demand GmbH, Norderstedt

Covergestaltung © by Siegfried Sticher

Printed in Germany : ISBN-13 9783837024890

PRANA mit Tieren

Hilfe durch Aktivierung der Selbstheilungskräfte mittels Energieübertragung.

Siegfried Sticher

Gewidmet meiner Tochter Anika, die ich
über alles liebe
und den Tieren dieser Erde ...

... dafür, dass sie

- ihre Arbeit ohne Murren verrichten
- uns Milch und Nahrung liefern
- ihr Fell zum Wärmen hergeben
- uns Trost und Kraft spenden
- unsere Freunde sind ...

Es ist an der Zeit ihnen dafür zu danken.

4

Inhalt

Vorwort

Helfen Sie ihrem Tier damit
es sich selbst helfen kann...

Liebe Leserinnen und Leser,

Prana ist eine, von Choa Kok Sui entwickelte „Wissenschaft" der Energieheilung ohne jegliche Berührung des Klienten.

Hierbei wird die kosmische, allgegenwärtige Energie (Prana) in die einzelnen Chakren des menschlichen Körpers übertragen. Diese Verteilung wird durch unsere Aura, den feinstofflichen Energiekörper der uns umgibt, übernommen.

Dieses Heilverfahren ist nicht nur sehr effektiv sondern auch gänzlich ohne Nebenwirkungen.
Was spricht also dagegen diese, diese Art der Behandlung
und somit diese Energie unseren Tieren zu Gute kommen zu lassen.

Obwohl Prana mit der notwendigen Übung und dem für diese Art der Behandlung vorausgesetzte Verständnis bzw. Offenheit, leicht erlernbar ist rate ich dringend sich die erste Zeit ziemlich genau an die Anleitungen in diesem Buch zu halten.

Dennoch werden Sie auch in Zukunft auf den Besuch beim Veterinär nicht ganz verzichten können. Ich als verantwortungsbewusster Pranaanwender werde Ihnen niemals vom Besuch des Tierarztes abraten oder Ihnen empfehlen eine Behandlung abzubrechen.

Auch verordnete Medikamente sollten weiterhin verabreicht werden. Setzen Sie das Medikament keinesfalls auf eigene Faust ab. Auch eine Reduzierung der Dosierung sollte unbedingt mit dem Veterinär abgestimmt werden.

Prana kann auch hier, ebenso wie beim Menschen die Schulmedizin nur unterstützen und fördern begleiten. In jedem Fall können Sie mit etwas Übung das Allgemeinwohl ihres Tieres verbessern.

Die Einsatzmöglichkeiten von Prana sind vielfältig, wie Sie beim Lesen des Buches erkennen werden. Ich werde später noch einige Beispiele aufführen.

Um die hier in diesem Buch gezeigten Behandlungsbeispiele effektiv nachvollziehen zu können sollten Sie das Seminar Prana I nach Choa Kok Sui absolviert haben, am besten auch Prana II (für Fortgeschrittene)

Seminartermine können Sie ersehen unter :

http://www.prana-heilung.de/

Ich wünsche ihnen beim Lesen viel Spaß und Anregungen für ihre weitere Arbeit mit Prana.

Ihr Siegfried Sticher

Namasté

An wen richtet sich dieses Buch ?

Dieses Buch richtet sich in erster Linie an all diejenigen in deren Familie sich Tiere befinden oder die Tierfreunde die sich mit der Behandlung von Tieren durch Prana Energiearbeit beschäftigen wollen. Sei es aus dem echten Wunsch zu helfen oder um sich ein 2. berufliches Standbein zu schaffen. Auch für Mitarbeiter von Tierheimen oder Auffangstationen kann der Inhalt dieses Buches sehr interessant sein.

In Deutschland lebt mittlerweile in fast jedem 4. Haushalt ein Haustier. Viele sind, mehr oder weniger, ein Teil der Familie geworden. Daher sprechen viele Gründe im Krankheitsfall oder im Alter die Hilfe in die eigene Hand zu nehmen, oder einen Pranaanwender im Bekanntenkreis oder der Umgebung zu Rate zu ziehen .

Ansprechpartner und kompetente Hilfe finden Sie auf der Website http://www.prana-heilung.de/ des deutschen Prana Verbandes e.V. . Auch ich bin Mitglied dieses Verbandes und auch Sie können dem Verband selbstverständlich beitreten.

Stellen Sie sich einfach folgende Fragen :

- Hat die Schulmedizin bei der Behandlung meines Tieres nicht die notwendigen Medikamente / Behandlungen bereitgestellt ?

- Möchte ich, sofern Medikamente oder Anwendungen zur Verfügung stehen, deren Wirkung diese unterstützen ?
- Bin ich offen für alternative Heilmethoden ?
- Möchte ich dazu lernen und vielleicht so zum Allgemeinwohl meines Freundes beitragen ?

Sollten Sie auch nur 1 Frage mit JA beantwortet haben, war ihre Entscheidung dieses Buch zu kaufen, die Richtige.

Hand in Hand mit der Schulmedizin werden Sie nach einiger Zeit, wenn Sie die im Buch beschriebenen Übungen und Beispiele Stück für Stück nachvollziehen, von dem Resultat begeistert sein.

Die in diesem Buch aufgeführten Behandlungsbeispiele sind sehr sorgfältig dokumentiert und beschrieben.
Auf alles, worauf Sie bei der Arbeit mit Tieren achten sollten wird hingewiesen. Auf Tierart spezifische Besonderheiten weise ich an gegebener Stelle hin.
Dennoch mein Appell an Sie. Halten Sie Augen und Ohren während der Behandlung offen. Seien Sie sorgfältig und nehmen Sie die Reaktionen ihres Freundes Ernst.
Sollten Sie in die Situation kommen ein fremdes Tier behandeln zu wollen, achten Sie bitte darauf, dass der Tierhalter bei der Anwendung anwesend ist. Er kennt sein Tier am Besten und weiß seine Reaktionen, die während des Sweaping oder Energetisieren auftreten, genau zu inter-pretieren.
Tiere sind im Gegensatz zum Menschen allen alternativen Behandlungen gegenüber offen.

Einen Placeboeffect, wie er bei Menschen auftauchen könnte ist bei Tieren nicht möglich.

Bei der Arbeit mit Tieren ist es unbedingt erforderlich noch sensibler zu sein als im Umgang mit Menschen. Sie können Ihre Fragen nach der Schmerzquelle oder Art des Schmerzes nicht beantworten.

Doch wenn Sie aufpassen und die Reaktionen genaustens beobachten, werden Sie merken was dem Tier gut tut und was es als unangenehm empfindet.

Tiere fragen nicht nach dem wissenschaftlichen Beweis oder Verlangen Diplome. Sie spüren instinktiv ob es ihnen gut tut oder nicht.

Jede kleinste Reaktion, die Sie sonst nicht von dem Tier kennen, die Ihnen fremd erscheint, kann ein Hinweis sein . „Herrchen oder Frauchen, Danke, aber ich habe für heute genug Prana empfangen ...“

Wie ich später noch zeigen werde reagieren sie sehr sensibel auf Prana und zeigen Ihnen das auch.

Durch ständiges, beobachten und liebevolles Miteinander werden Sie nach einiger Übung die Zeichen ihres Freundes verstehen lernen.

Notieren Sie sich ruhig, wann er welche Reaktionen zeigt. Was er besonders angenehm empfindet.

Es ist bisher kein Leiden bekannt dass, bei sorgfältiger Anwendung von Prana, verschlimmert worden wäre.

Sicher ist eine so genannte Erstverschlimmerung durchaus möglich, doch diese wird sich sehr schnell in eine Linderung wandeln.

Sollte nicht sofort das gewünschte Ergebnis erzielt werden, bitte nicht sofort die Flinte ins Korn werfen.

Gehen Sie noch mal im Detail die Beispiele durch, manchmal liegt der Teufel im Detail.

Aggressives Verhalten des Tieres oder Reaktionen, die Sie sonst nicht kennen bzw. noch nie so an ihrem Tier erkannt haben, sollten nicht überbewertet werden.
Wenn das Tier den Energiefluss spürt ist es zuerst ein ihm unbekanntes Gefühl, dass von Fall zu Fall Unsicherheit und evtl. auch Angst hervorruft.

Reden Sie mit dem Tier. Beruhigen Sie es. Nach einiger Zeit wird es erkennen, dass ihm Gutes widerfährt.

Was wurde bereits zur Genesung unternommen ?

Da Sie sich zum Kauf dieses Buches entschlossen haben, sind sie Tierbesitzer oder haben sich entschlossen, wie ich, Tieren zu helfen. Vielleicht haben Sie auch Prana Seminare besucht und niemand hatte Informationen für Sie wie und wo Sie bei der Behandlung eines Tieres ansetzen sollen.
Vielleicht wurde ihnen gesagt „Ja, mach doch mal einfach wie du es gelernt hast am Menschen"
Vom Grundsatz erst einmal nicht ganz falsch. Doch eine sehr oberflächliche und von Fall zu Fall nicht ganz ungefährliche Aussage.
Nehmen wir den Fall an Sie sind Tierbesitzer, welche wohl den größten Anteil an meinen Lesern ausmacht. Ihr Familien-mitglied, sei es ein Hund, oder eine Katze wird seit Wochen behandelt. Sein Zustand hat sich jedoch nicht erheblich gebessert, ja vielleicht sogar verschlimmert.
Sei es, dass das verordnete Medikament nicht seine erhoffte Wirkung zeigt. Sei es eine Kortisonsalbe, die keine Besserung bringt oder ein Antibiotika, dass vom Tierorganismus nicht richtig umgesetzt wird.
Ist ihr Tier bei einem Tierarzt oder Tierheilpraktiker in Behandlung und Sie haben das Gefühl die Behandlung dauert zu lange oder ihr Tier leidet unnötig ?
Sprechen Sie mit ihrem Tierarzt offen, dass Sie sich für die Möglichkeit entschlossen haben seine Behandlung mit Prana unterstützen zu wollen. Es gibt keinen Grund dies zu verschweigen. Schließlich handeln Sie in der Absicht dem Tier zu helfen.

Jetzt einfach mal locker loslegen und in irgend ein Chakra eine beliebige Menge beliebigen Farbpranas energetisieren wäre fatal und übereilt.

Wie auch bei der Behandlung des Menschen kann ich nicht oft genug betonen dass man mit einigen farbigen Pranas umsichtig arbeiten muss.

Gehen Sie sorgfältig an die Arbeit heran.

Machen Sie eine Bestandsaufnahme :

Wie lautet die Diagnose des behandelnden Tierarztes ?

- Litt ihr Tier schön öfter darunter und ist das Leiden bereits chronisch ?
- Welche Medikamente werden bzw. wurden verabreicht und ist das Tier evtl. bereits immun gegen dieses Medikament ?
- Kennen Sie alle möglichen Nebenwirkungen des Medikamentes ?
- Wie war der Behandlungserfolg in der Vergangenheit ?

Sollte es sich um äußere Verletzungen handeln können Sie hier parallel zur Schulmedizin sehr gute Erfolge erzielen und den Heilungsprozess stark vorantreiben.

Kommen Sie nach der Bestandsaufnahme zu der Erkenntnis es würde Zeit selbst etwas zur Genesung ihres Haustieres beizutragen ? Ja?

Dann möchte ich Ihnen an einigen Beispielen zeigen was machbar ist. Ihnen die Möglichkeiten einer Pranasitzung deutlich und in aller Offenheit aber auch ebenso deren Grenzen aufzeigen.

Beginnen wir mit den Ansatzmöglichkeiten von Prana.

ACHTUNG !

Für alle Internetuser und Forums begeisterten Leser ein Hinweis.
Bei aller Sorgfalt, die sie bei der Behandlung ihres Tieres angedeihen lassen wollen, möchte ich Sie bitten: Nehmen Sie irreführende Horrorgeschichten aus diversen Foren nicht immer allzu ernst.
Solange Sie die Quelle nicht eindeutig erkennen bzw. erkennen, dass der Verfasser des Forum-Beitrages zu jedem Beitrag seinen SENF abgibt, seien Sie einfach vorsichtig.
Hinterfragen Sie und vergleichen Sie das Gelesene mit anderen Berichten.

Bei Problemen können sie im Zweifelsfall mit mir über das Kontaktformular der Homepage Kontakt aufnehmen.

Besuchen Sie http://www.prana-feelings.de

Wo setze ich mit Prana an ?

Da Prana unter den alternativen Heilmethoden ebenso wie Reiki zur Energiearbeit zählt, können Sie prinzipiell jederzeit in eine laufende Behandlung eingreifen oder mit einer Behandlung n Eigeninitiative beginnen.
Sie können mit Prana, wenn Sie sorgfältig arbeiten, keine ernsthaften Schäden verursachen.
Sollten Sie unsicher sein, lieber noch mal nachlesen und die Behandlungsvorschläge noch mal im Kopf durchspielen. Zuviel übertragene Energie können Sie jederzeit durch erneutes Sweaping entfernen.
Entscheidungshilfen für eine Pranabehandlung.

Sie
- finden die bisherige Behandlung dauert zu lange
- möchten vorbeugende Maßnahmen treffen
- möchten nicht ständig auf Medikamente zurückgreifen, was auf Dauer weitere Unpässlichkeiten verursachen kann
- möchten die Schulmedizin unterstützen
- möchten das allgemeine Wohlbefinden des Tieres ver-bessern
- bekommen von ihrem Tierarzt die Rückmeldung, er habe austherapiert

Ausgangspunkt jeder Pranabehandlung ist das Scannen. Nach einiger Übung können Sie sich diese Technik, auf die wir im Übungsteil genauer eingehen, aneignen. Durch diese Technik erkennen Sie die Größe und den Zustand der Gesundheitsaura und der Chakren (Energiezentren).

Aber seien Sie nicht enttäuscht wenn das Scannen nicht funktionieren will. Auch ohne Scannen können Sie erfolgreich Tiere behandeln. Sollte es sich um ein fremdes Tier handeln, fragen Sie das Frauchen oder Herrchen wo sein kleiner (oder großer) Freund seiner Meinung nach Schmerzen hat. Die meisten Tierhalter haben ein sehr gutes Gespür dafür. Wichtig vor jeder Behandlung eines neuen Klienten ist, dass Erstellen eines Behandlungsplanes. An dieser Stelle denke ich wird es auch Zeit für eine kurze Begriffserklärung, die für das bessere Verständnis und das flüssigere Lesen der nächsten Kapitel unbedingt erforderlich ist.

SW für Sweaping
EN für Energetisierung
AZ für Atemzyklen

Die Zahl hinter SW steht für die Anzahl Sweapingvorgänge, die Zahl hinter EN steht für die Anzahl der Atemzyklen.
Für die verschiedenen farbigen Pranas steht :

Farben-Kürzel	farbiges Prana
HWG	Hell-weißliches-Grün
HWB	Hell-weißliches-Blau
HWO	Hell-weißliches-Orange
HWV	Hell-weißliches-Violett
HWR	Hell-weißliches-Rot
RW	Reines-Weiß

Beispiel :

SW / 10 mit HWG am Halsschakra ; EN 6

Bedeutet: 10 Sweapingdurchgänge mit Hell-weißlichem-Grün am Halschakra und anschließendes Energetisieren für 6 Atemzyklen mit dem jeweils angegebenen farbigen Prana.
Verwenden Sie zur besseren Lesbarkeit ruhig selbst diese Kürzel, wenn Sie den Behandlungsplan ausfüllen.

Ganz wichtig !!!

Achten Sie beim Energetisieren immer darauf, sich beim Wechseln des farbigen Pranas ihre Hände in die bereitgestellte Salzwasserschüssel kräftig auszuschütteln.
Dadurch vermeiden Sie Rückstände und ungewollte Ergebnisse.

Erstellen eines Behandlungsplanes

Wenn Sie das Seminar Prana II absolviert haben oder das Buch „Prana für Fortgeschrittene" in Händen halten, könnten Sie dort unter der erkannten Symptomatik nachsehen und brauchen zur Not nur noch

- Körpergröße und Gewicht des Tieres
- Anatomie
- Abweichende Chakrengröße
- Tierspezifische Eigenheiten

zu beachten und können mit der Behandlung beginnen. Doch eine Bitte. Tun Sie es nicht.
Das Erstellen eines Behandlungsplanes ist keineswegs unsinnig. Er deckt zwei wichtige Bereiche für dauerhaft erfolgreiche Energiearbeit mit Tieren ab.
Er verschafft Ihnen einen genauen Überblick (Istzustand) über den Zustand des Tieres und eine saubere Dokumentation für später. Zur Ermittlung des Istzustandes dient die Anamnese (Aufnahme der Symptome, Befragen von Tierarzt und/oder Tierhalter). Im Behandlungsplan sollten Sie folgende Punkte vorab festhalten :

- Diagnose des behandelnden Tierarztes oder Tierheilpraktikers sofern diese vorliegt
- Die Ergebnisse ihres sorgfältigen Scannens
- Verabreichte Medikamente und seit wann diese verabreicht werden

- Name, Gewicht und Alter des Tieres sowie die Eckdaten des Tierhalters

Auch während der Behandlung sollten Sie in diesem Behandlungsplan notieren :

- Die Behandlungstage
- Dauer der Behandlung
- Scanergebnisse (Abweichungen zum Istzustand)
- Anzahl der Sweaping Durchgänge
- Anzahl Atemzyklen die energetisiert wurde
- Was wurde energetisiert: Chakren, Körperteile oder Organe

Notieren Sie so gut es geht ihre Empfindungen während der Behandlung.
Achten Sie auf die Reaktionen des Tieres und notieren Sie diese auch.
Jedes wie bereits erwähnt, noch so kleine Detail kann sich im nachhinein als wichtiges Indiz oder als Hinweis herausstellen, der Ihnen bei anderen Behandlungen hilft, besser zu agieren und zu reagieren.

Besonders wichtig ist der Behandlungserfolg. Erkennen Sie Veränderungen beim Scannen ?
Fühlen sich die Chakren anders an ?
Wenn es sich um sichtbare Verletzungen handelt betrachten Sie diese genau. Machen Sie Bilder. An offenen Wunden sind gerade am Anfang die Erfolge am Besten erkennbar.

Können Sie oder der Tierhalter, im Falle, dass Sie fremde Tiere behandeln, Veränderungen im Verhalten des Tieres erkennen ?

Hier zu glauben solche Notizen wären nur zeitraubend und ihre Aussagekraft eher zweitrangig wäre fatal.
Mit der Zeit bekommen Sie anhand dieser Aufzeichnungen ein brauchbares Nachschlagewerk.

Auf meiner Webseite werde ich für Interessierte eine Vorlage, wie ein Behandlungsplan aussehen kann, zum Download bereitstellen.
Es handelt sich hierbei um die Vorlage, die ich selbst bei der Behandlung benutze und die sich als praxistauglich erwiesen hat. Das soll nicht heißen, dass Sie sich nicht eine eigene entwerfen können.

Welche Ziele sind realistisch ?

Nachdem Sie einen Behandlungsplan erstellt haben, müssen Sie sich die Frage stellen, welche Ziele realistisch sind. Lassen Sie nicht zu, dass der Wunsch Vater des Gedankens wird. Bleiben Sie realistisch.
Zu hoch gesteckte Ziele oder eine zu hohe Erwartungshaltung kann der Behandlung evtl. Schaden und sie verlieren die Lust, wenn die Ergebnisse sich nicht mit der Hoffnung decken. Ebenso möchte ich Sie bitte bei der Behandlungsdauer und Anzahl der Sitzungen nicht zu blauäugig zu Felde zu ziehen.
Leider kann auch ich Ihnen keine verbindlichen Angaben machen welche Behandlungsdauer für welches Leiden oder Auffälligkeit anzusetzen ist.
Vertrauen Sie ihrem Gefühl und ihrer Erfahrung mit der bisherigen Genesungsdauer ihrer Tieres.
Grobe Ansätze für die Dauer einer Behandlung können Sie aus Parallelen zum Menschen ziehen.
Faustregel: Sollte sich nach 3 Sitzungen keinerlei Besserung oder zumindest eine Linderung einstellen, gehen Sie die bereits erfolgten Sitzungen noch einmal im Kopf durch. Kommen Sie zu dem Ergebnis alles richtig gemacht zu haben, stellen Sie die Behandlung ein und vereinbaren Sie einen Termin beim Tierarzt oder Tierheilpraktiker oder suchen sie Rat bei einem geübten Prana Anwender. Anders verhält es sich wenn sie anhand dieses Buches anderen Tierbesitzern helfen wollen. Fragen Sie den Tierhalter wie lange sein Tier bisher an der Genesung des momentan vorliegenden Leidens zur Auskurierung benötigt hat bzw. wie lange dies im Normalfall dauert. Unterstützend zur

Medikation des Tierarztes sollte sich diese Zeit, bei täglich mehrmaligem Behandeln gut halbieren.

Vergessen Sie nie, dass wir Prana nur zur Unterstützung der Schulmedizin einsetzen wollen. Außer, wie das Beispiel von Torfi dem Isländer-Wallach zeigt, der Arzt hat austherapiert. Oft fühlt sich ihr Tier bereits nach 2-3 maligem allgemeinem Sweaping besser und zeigt ihnen dies auch deutlich. Angenommen ihr Hund leidet an einer fortgeschrittenen **Neoplasie (Krebs)** und ihr Tierarzt hat die Behandlung abgebrochen weil er der Meinung ist, dem Hund nicht mehr helfen zu können.

Bleibt nur noch die letzte Konsequenz ? Einschläfern ? Wegen der ständigen Schmerzen ?

Wenn ihr Hund noch am Familienleben teilnimmt, seine Mahlzeiten noch mit Genuss zu sich nimmt und auch noch gerne Gassi geht, finde ich persönlich diesen Weg als verfrüht. Hier können Sie sehr schön mit Prana ihrem Hund einen Großteil der Schmerzen nehmen und somit sein Leben wieder lebenswerter gestalten. Doch bitte. Verwechseln Sie hier nicht den Willen zu helfen um dem Hund noch eine schöne Zeit zu bescheren, mit dem weit verbreiteten menschlichen Egoismus nicht loslassen zu können.

Lassen Sie ihre Tier nicht unnötig leiden. Das hat kein Lebewesen der Welt verdient. Viele Menschen halten zulange aus falscher Motivation fest. Oftmals ist Gehenlassen das einzig Richtige was Sie für ihren Hund (oder jedes andere Haustier) als Liebesbeweis noch tun können. Wenn Sie jetzt noch etwas für ihr Tier tun wollen besteht die Möglichkeit ihm beim Verlassen des Körpers zu helfen und ihm so ein sanften Entschlafen zu ermöglichen.

Die Chakren

Bei der Arbeit mit Tieren bedenken Sie etwas ganz Wichtiges. Alle ihre Fragen, die Sie während der Sitzung haben, können Sie bestenfalls vom Herrchen und dann auch nur subjektiv, beantwortet bekommen.

Bedenken Sie, dass es alleine schon aufgrund der unterschiedlichen Anatomie, einiges zu bedenken gibt.

Zudem kommen erschwerend:
- Größe, Umfang und Sitz der Chakren bei den Tieren
- Organe und ihre teilweise abweichende Funktion im Vergleich zu denen des Menschen
- Mangelnde Kommunikationsmöglichkeit

All dies erschwert, auf Anhieb betrachtet, die Arbeit.
Doch nur bei oberflächlicher Betrachtung. Wenn Sie sich die Ratschläge in diesem Buch zu Herzen nehmen und diese mit ihren eigenen Erfahrungen kombinieren, denke ich, sollte sich der Erfolg bzw. Teilerfolg schnell einstellen.
Bei der Arbeit mit Prana steckt ein Großteil an Potenzial in der Absicht. In der Art und Offenheit in der sie formuliert wird. Negativ dagegen wirkt sich der überzogene Einsatz des Willens aus. Zuviel Willenskraft kann hier eher das Gegenteil bewirken. Wenn wir von der Kraft dieser Absicht ausgehen und diese liebevoll und gezielt formulieren, bekommen wir für jedes Chakra ein Scanergebnis und somit eine Bestätigung seiner Existenz und seinen Sitz. Jedoch habe ich gemerkt, dass alleine durch die

unterschiedliche Anatomie und den unterschiedlichen Knochenbau sowohl die Abstände der Chakren zueinander als auch deren Größe differieren, was letztendlich logisch erscheint. Beim Scannen der Galle bei Pferden z.B. ist mir aufgefallen, dass sich das Fehlen der Gallenblase auswirkt auf das Scanergebnis. Die Galle des Pferdes fühlt sich härter an. Woran dies liegt erklärt sich mir folgendermaßen.

Während sich beim Menschen ca. 1 TL Gallensaft in der Gallenblase ansammelt um die Verdauung durch Anregung der in der Bauchspeicheldrüse gebildeten Lipasen zu unterstützen, baut sich der Verdauungsprozess bei Pferden eben ohne die Gallenblase auf. Ihre Gallengänge sind wesentlich weiter, was die Gallenblase ersetzt. Islandpferde haben ständig eine gereizte Leber, was Sie beim Scannen als auch bei der folgenden Sitzung berücksichtigen sollten. Legen Sie hier verstärkt Augenmerk auf das örtliche Sweaping.

Hunde bilden auch eine Ausnahme. Die Galle und das Zwerchfell berühren sich bei einem ausgewachsenen Hund. Sollte ihr Hund an Gallensteinen leiden an einer Atemwegs-Erkrankung bei der das Zwerchfell mit betroffen ist, sind beide schwer beim Scanning zu erfühlen. Ich empfehle in solch einem Fall zuerst ein allgemeines Sweaping gefolgt von einem sehr sorgfältigen örtlichen Sweaping der Galle. Anschließend energetisieren Sie die Galle für 2-3 Atemzyklen mit Hellem Weißlichem Prana. Versiegeln die frische Energie mit Himmelblau und trennen sich ab.

Wenn Sie dem Hund nun einige Stunden der Regenerierung gönnen, werden Sie, da die Galle sich durch diese kurze Behandlung beruhigt haben sollte, das Zwerchfell besser Scannen können und das Erstellen eines Behandlungsplanes ist dann auch möglich.

Es gäbe noch viele Unterschiede, z.B. der Gleichgewichtssinn der Katzen, doch das würde den Umfang des Buches sprengen. Ich wollte nur aufzeigen, dass Sie sich nicht durch Ergebnisse beim Scannen, die nicht Plausible erscheinen, aufs Glatteis führen lassen sollen. Vertrauen Sie auf ihr Gefühl. Mit der Zeit werden Sie immer sicherer. Wichtig ist vor allem der liebevolle Umgang mit unseren Tieren.

Sollten Sie trotz wiederholtem Scannen keine spürbare Resonanz erhalten verzweifeln Sie bitte nicht. Das Tier spürt ihre Unruhe und Unsicherheit. Ich zeige Ihnen später eine kleine Behandlung mit der Sie keinesfalls etwas falsch machen und zumindest eine Beruhigung erreichen können.

Doch was sind das. Chakren ?

Da wird die ganze Zeit etwas erwähnt was gescannt und gesweapt wird. Absichtlich habe ich bis jetzt damit gewartet.

Die Energiearbeit geht davon aus, dass es mehrere Chakren im Körper des Menschen und aller anderen Lebewesen gibt.

Während es aber nun von den allgemein bekannten 7 Hauptchakren hunderte Abbildungen mit Sitz und Bedeutung gibt, schweigen sich alle über deren Sitz bei den Tieren aus.

Im Bereich Reiki gibt es mittlerweile solche Lektüren jedoch für die Energiearbeit mit Prana, wo von einigen Hauptchakren und einer großen Anzahl Nebenchakren mehr gesprochen wird, bis dato noch nichts.

Das kann aus zweierlei Gründen geschehen. Zum einen möchte bzw. kann niemand einen wissenschaftlichen Beweis hierfür erbringen und zum anderen traut oder vertraut niemand seinen persönlichen Gefühlen und hat Angst sich dem Hohn derer auszusetzen, die es selbst nicht getan haben, im Nachhinein jedoch verlautbaren lassen, sie haben schon immer gesagt dass es so wäre.

Wenn Sie nun diesen Beweis von mir an dieser Stelle erwarten, klappen Sie das Buch zu. Sie werden ihn nicht erhalten. Aber ich bin durchaus im Stande meinen Gefühlen zu vertrauen und diese Vertrauen mit Ihnen zu teilen.

Alle jetzt folgenden Grafiken stammen aus meiner eigenen Hand. Bedenken Sie bitte dass Sie es hier nicht mit einem Grafiker zu tun haben. Die Grafiken sollen nur grob anzeigen wo die jeweiligen Chakren sitzen.

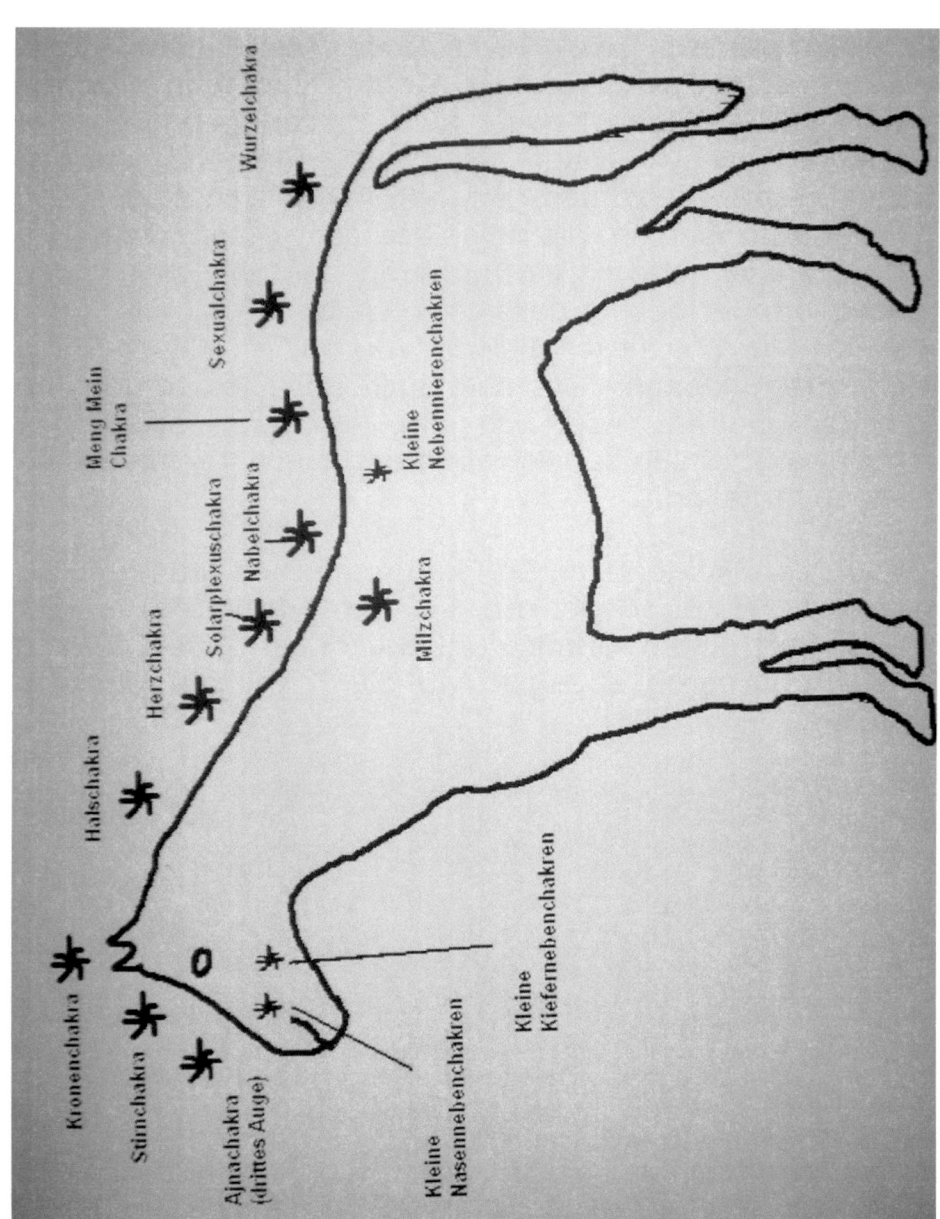

Kronenchakra

Stirnchakra

Ajnachakra
(drittes Auge)

Halschakra

Herzchakra

Solarplexuschakra

Nabelchakra

Meng Mein
Chakra

Sexualchakra

Wurzelchakra

Milzchakra

Kleine
Nebennierenchakren

Kleine
Nasennebenchakren

Kleine
Kiefernebenchakren

Als erstes möchte ich den Sitz der Chakren bei den Pferden behandeln. An ihnen sind deren Sitz und Ausprägung auch sehr deutlich zu erfühlen.

Wenn Sie sich obere Grafik genau betrachten befinden sich dort 11 Hauptchakren und 3 Nebenchakren.

Ich habe am Pferd gezielt diese 3 Nebenchakren aufgezeigt, da diese mir am Wichtigsten erscheinen.

Das Milzchakra müssen Sie sich als Besonderheit in Laufrichtung des Pferdes links, etwas oberhalb der Vorderrippe denken. Beim Menschen reden wir beim Milzchakra, Herzchakra und Solarplexuschakra jeweils von einem vorderen und einem hinteren. Es ist mir jedoch bei aller Mühe und Einsatz und aller Häufigkeit an Scanndurchgängen nicht gelungen, deren Trennung zweifelsfrei zu spüren. In meinen Sitzungen formuliere ich jedoch die Chakren in meiner Absicht sie zu reinigen oder zu energetisieren getrennt.

In der nachfolgenden Tabelle werden Sie sehen, dass eine Trennung unbedingt notwendig ist. Ich übernehme mein Erlerntes und arbeite damit.

In den Seminaren, die ich besucht habe, hörte ich immer wieder von Anwendern, die auch ohne das Scannen jemals erlernt zu haben, sehr gute Ergebnisse erzielt haben, indem Sie sehr sorgfältig gearbeitet haben.

Ich selbst habe mir schon einige Male die Frage gestellt wie ich wohl eine Schlange scannen würde und bin in dieser Frage keinen Schritt weitergekommen. Ich hoffe einmal hierzu zu Gelegenheit zu bekommen und werde auf meiner Homepage darüber berichten.

Ich möchte Ihnen zur Komplementierung noch eine Tabelle zur Hand geben die zeigt welches Chakra für welche Organe zuständig ist und welche

Körperfunktionen beim Menschen durch sie gesteuert werden.

Achten Sie hier besonders auf die erwähnten doppelten, also in vordere und hintere, untergliederten Chakren.

Die Hauptchakren und ihre Funktionen		
Name des Chakra	Funktion(en) / Organ	Ansatzpunkt für ...
Kronenchakra	Alle Gehirnfunktionen sowie die Zirbeldrüse	Alle Leiden die auf psychische oder physische Ursachen zurück-zuführen sind und in Verbindung zu Gehirn und Zirbeldrüse stehen
Stirnchakra	Zirbeldrüse und vegetatives Nervensystem	Epilepsie, Lähmungs-erscheinungen und Verlust des Erinnerungs-vermögen
Ajna Chakra	Die endokrinen Drüsen sowie die Steuerung der anderen Chakren	Alle Leiden in Verbindung mit den endokrinen Drüsen

Halschakra	Schilddrüse,Hals und Kehlkopf	Pankreas sowie alle Leiden in Verbindung mit dem Hals
Herzchakra		
vorderes	Herz,Kreislauf und Thymusdrüse	Herz- und Kreislauf- probleme
hinteres	Herz und ansatzweise die Lunge	Lungenprobleme
Solarplexus Chakra		
vorderes	Verwaltet die Energie und steuert die Körperwärme; Magen, Dünn – und Dickdarm (Blindarm) sowie Bauchsüeichel- drüse	Schüttelfrost, zu hohe Cholesterin- Werte, Rheuma, Arthrose und alle mit diesen Organen verbundene Leiden
hinteres		
Milzchakra		
vorderes	Übernimmt die Aufnahme von Luftprana und versorgt den Körper und alle anderen Chakren mit Prana	Schlechtes Allgemein- Befinden, mangelnde Vitalität,
hinteres		

Nabelchakra	Dick- und Dünndarm	Alle Krankheitsbilder die auf den Darmtrakt schließen lassen
Meng Mein Chakra	Reguliert den Blutdruck und versorgt die inneren Organe mit Prana, Nieren	Hoher Blutdruck, Nierenleiden (Nierensteine), mangelnde Vitalität und Schmerzen im Rückenbereich
Sexualchakra	Geschlechtsorgane und Blase; Beine	Probleme der Fortpflanzungs-organe und der Fortplanzung als solches
Wurzelchakra		
	Muskeln, Knochen, Blut und alle inneren Organe, Versorgt den physischen Körper mit Prana, verantwortlich für Wachstum, Wohlbefinden und den Überlebenstrieb	Muskeln, Knochen, Blut und alle Muskeln, Knochen, Blut und alle Atemwegsleiden, Rückenschmerzen, fehlerhaftes Blutbild sowie Störungen des Wachstums

Alle im Buch gezeigten Sitzungen basieren auf dieser Tabelle. Sie werden später lesen dass ich mit farbigem Prana arbeite.

Dies ist eine sehr spezielle Heilmethode die für den reinen Tierhalter ohne Pranakenntnisse nicht auf Anhieb nachvollziehbar ist. Wie sowas funktioniert sollten Sie in einem Prana Seminar erlernen und können dann auch sehr leicht alle praktischen Beispiele nachvollziehen.

In der Nachlese, die ich Ihnen ans Herz legen möchte sehen Sie warum ich hierauf nicht detaillierter eingehen will.

Sie können jedoch bereits jetzt anhand der Tabelle nachvollziehen, wieso und weshalb ich gerade das eine oder andere Chakra reinige und energetisiere.

Übungen bevor es losgeht

Selbstverständlich möchte ich denen unter Ihnen die sich weder unter dem Begriff Scannen, noch unter den Begriff Sweaping etwas vorstellen können, Gelegenheit geben diese kennenzulernen und auch einmal zu üben. Zuerst sollten Sie versuchen ihre Hände bzw. Handchakren zu sensibilisieren. Das geschieht folgendermaßen:

Stehen Sie ganz entspannt aufrecht. Ziehen Sie die Schultern beide gleichzeitig 10-12 mal nach oben bis die Schulterblätter fast die Wangen berühren. Atmen Sie beim Anheben der Schultern ein, halten Sie die Schultern für etwa 1 Sekunde oben und lassen sie dann beim Ausatmen wieder runter.
Und immer wieder einatmen, Schultern anheben, ausatmen, Schultern herablassen. Das Ganze 10-12 mal.
Strecken Sie nun die Arme seitwärts aus und halten sie waagerecht ausgestreckt. Heben Sie die Arme nun nach oben bis die Fingerspitzen senkrecht zur Decke zeigen. Atmen Sie hierbei ein, halten Sie die Arme oben und halten den Atem für etwa 1 Sekunde an, nehmen Sie die Arme jetzt wieder in die Waagerechte und atmen Sie bei dieser Bewegung aus. Das Ganze auch etwa 10-12 mal.
Lassen Sie nun die Arme am Körper entlang nach unten hängen. Ballen Sie jetzt 20-25 mal in schnellem Rhythmus die Hände zur Faust. Öffnen Sie sie so weit es geht und spreizen Sie hierbei ihre Finger. Das alles

in schnellem Wechsel. Auf, zu, auf ,zu. Dies tun Sie ca. 20-25 mal.
Setzen Sie sich jetzt hin. Am Besten an einen Platz an dem Sie so sitzen können dass Unterschenkel und Oberschenkel einen Winkel von 90 Grad bilden.

Drücken Sie anschließend mit jeweils dem Daumen der einen Hand für ca.10-12 Sekunden fest in die Handinnenfläche der anderen Hand. Anschließend genau dasselbe mit der anderen Hand. Durch das Drücken wird die Handinnenfläche aktiviert.
Winkeln Sie ihre Arme an und halten Sie ihre Hände in einem Abstand von ca. 20-30 cm.

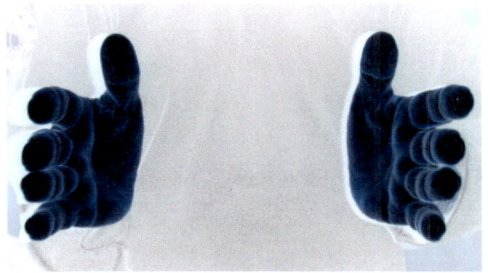

Nun Führen Sie sie langsam aufeinander zu. Konzentrieren Sie sich auf die Handinnenflächen.
Achten Sie genau auf ihre Gefühle. Aber vergessen Sie nicht, dass der Rest ihrer Hände auch noch existiert.

Gehen Sie bei der Annährung in kleinen Schritten vor. Sollten Sie das Gefühl haben etwas zu spüren, ziehen Sie die Hände wieder ein klein wenig auseinander und wieder zusammen. Vergewissern Sie sich dieses Gefühles. An welcher Stelle kommt es ? Wie intensiv ist es und wie würden Sie es beschreiben ?

Wenn die Hände so, wie unten zu sehen, nur noch 7-8 cm auseinander sind sollten sie eines der folgenden Dinge spüren

- leichtes bis starkes Kribbeln
- erhöhte Wärme
- verstärkte Kälte
- einen leichten Gegendruck / Widerstand

Wenn eines dieser Gefühle eingetreten ist, Gratulation. Sie haben zum Ersten Mal erfolgreich gescannt. Sich selbst.
Das Scannen der Chakren funktioniert nach dem gleichen Schema, nur dass Sie hierbei ihre Absicht noch formulieren.
Nicht verzweifeln, wenn es nicht beim ersten Mal funktioniert.
Bleiben Sie dran. Üben Sie jeden Tag.
Jeder fühlt anders in der Art und Intensität.

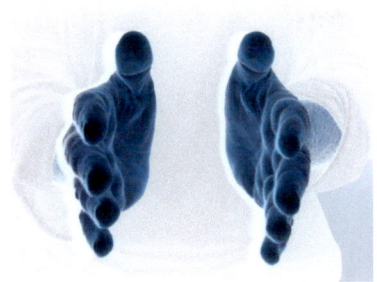

Wenn Sie sich sicher sind etwas zu spüren, hilft das für die Übungen ganz besonders. Wenn nicht können Sie die Übungen auch durchführen, sollten dann jedoch zwischen-durch immer mal wieder diese Sensibilisierungsübung durch-führen.

Sweaping

Das allgemeine Sweaping von dem gesprochen wird bezeichnet das Kämmen der Aura mit den Händen. Wie ?
Das werde ich Ihnen kurz zeigen.

Halten Sie ihre Hände wie auf dem Bild dargestellt mit den Daumen aneinander und stellen Sie sich vor es steht jemand vor Ihnen. Um die Begriffe zu erklären ist es nicht unbedingt notwendig an anderen Personen oder Tieren zu üben.

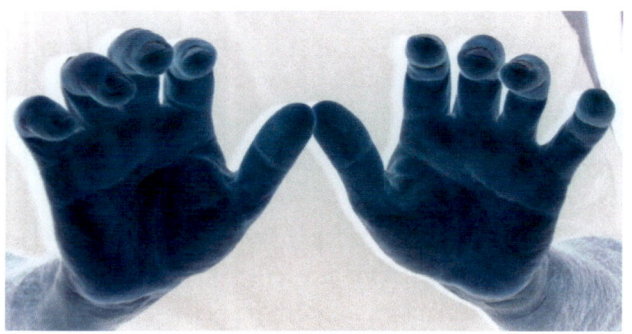

Stellen Sie sich vor wie Sie die Hände im Abstand von etwa einem halben Meter von dieser gedachten Person positionieren und vom Kopf angefangen ganz langsam zu den Füßen hinunterziehen.
Wie eine Art Kamm oder Rächen führen Sie die Hände 5 mal von oben nach unten, wobei jeder Durchgang ca. 15 Sekunden andauern sollte.
Bitte nehmen Sie das allgemeine Sweaping an der Vorder- und Rückseite vor.
Das Sweaping oder besser gesagt das Allgemeine Sweaping ist sehr wichtig und sollte vor jeder Sitzung angewandt werden. Denken Sie immer daran. Vor jeder Sitzung. Es hat schon Fälle gegeben bei denen dies alleine schon eine gewaltige Besserung gebracht hat.

Scanning

Beim Scanning, z. Bsp. des eigenen Ellbogenchakra formu-lieren Sie liebevoll Ihre Absicht das Chakra zu Scannen.
Sensibilisieren Sie Ihre rechte Hand nach obiger Übung. Jetzt formulieren Sie für sich die Absicht ihr linkes Elbogenchakra zu scannen. Bewegen Sie Ihre rechte Hand langsam darauf zu. Konzentrieren Sie sich auf Ihre Handinnenfläche, Ihr Handchakra, und fühlen Sie. Verlassen Sie sich auf Ihre Gefühle. In der späteren Arbeit mit Tieren sind dieses Gefühl und die Reaktionen der Tiere, die einzige Antwort die Sie bekommen.

Hinweis ! Um das allgemeine Sweaping auf der Körperrückseite durchzuführen, müssen Sie sich nicht hinter die Person stellen oder die Person muss sich auch nicht unbedingt umdrehen. Visualisieren Sie sich die Person einfach umgedreht vor Ihnen. Drehen Sie sie einfach im Kopf um. Nutzen Sie die Macht der Visualisierung.
Üben Sie diese Techniken sooft es geht. Je sicherer Sie sich ihrer Gefühle, und dessen was Sie beim Scannen spüren sind, desto gezielter können Sie Verunreinigungen der Aura, Blockaden oder Überaktivität eines Chakren erkennen.

Anamnese

Sie haben bisher gehört wo Sie mit Prana ansetzen können, haben gelesen wie man einen Behandlungsplan erstellt. Sie haben sich die Frage was bisher unternommen wurde bereits selbst beantwortet und sind sich über die realistischen Ziele bei der Energiearbeit mit Prana bewusst geworden.

Die Tabelle und vieles Wissenswertes über die Chakren runden den Informationsgehalt für Sie ab, so dass Sie endlich einmal, nach dem Sie dieses Kapitel gelesen haben, gefordert werden.

Ich werde anschließend im Rahmen meiner Möglichkeiten 2-3 Übungen aufzeigen, sodass sie sich wenigstens einen Überblick verschaffen können was Energiearbeit und im Besonderen die Arbeit mit Tieren bedeutet. Doch selbst nach den Übungen ist eines Dreh und Angelpunkt: Die Anamnese. Ohne sie ist keine Behandlung möglich. Wenigstens keine gezielte.

Ich zeige Ihnen später noch Behandlungen für Pferde die nicht im direkten Sinne der Genesung sondern der Prophylaxe, der Verbesserung des Wohlbefindens und der Optimierung der Leistungsfähigkeit von Pferden dient.

Die Anamnese . Wenn ich hier von Anamnese spreche möchte ich denen unter Ihnen die damit nichts anfangen können, diesen Begriff erklären.

Die Schulmedizin versteht unter der Anamnese eine Art Bestandsaufnahme. Das Zusammentragen aller Details den Gesundheitszustand Des Patienten betreffend.

Jeder von ihnen war sicher schon einmal beim Arzt.

Fragen wie :

- Wo tut es Ihnen denn weh
- Was tut Ihnen denn weh
- Wann sind die Beschwerden am stärksten
- Wann das erste Mal aufgetaucht

usw.
Ganz schlimm ist es wenn Sie vom Hausarzt zum Facharzt überwiesen wurden und der diese Fragen erneut stellt und zusätzlich noch wissen mag:

- Was wurde bereits für Sie getan
- Welche Medikamente wurden verordnet
- Wie lange werden Sie von diesem Leider bereits geplagt

usw.

Nun ist es so, dass diese Fragen, egal wie unsinnig sie Ihnen erscheinen mögen, alle ihren Sinn haben und unbedingt erforderlich sind. Die Ärzte haben sich nicht alle gegen Sie verschworen, im Gegenteil. Sie wollen mit den Fragen den bestmöglichen ISTZUSTAND ihrer Gesundheit herausfinden.

Gott sei Dank können Sie dem Arzt antworten. Ihm genau sagen, wo es zieht, drückt, kratzt und juckt.
Diese Möglichkeit haben die Tiere nicht.
Wenn Sie mit ihrem Tier zum Tierarzt oder Tierheilpraktiker gehen, müssen Sie diese Funktion des Antwortens über-nehmen. Ein Aufgabe die sehr viel Verantwortung in sich trägt. Nach Ihren Aussagen

und Beschreibungen und dem was er an dem Tier ertastet oder durch Abhören hört wird er behandeln. Seine Therapie basiert also aus den Komponenten

- Fragen an der Tierhalter
- Eigenes Abtasten usw.
- evtl. Laborergebnisse

Einen Faktor lassen die Tiermediziner leider außen vor. Den Faktor „Selbstheilungskräfte". Die Gründe hierfür sind sehr unterschiedlich und sollten daher nicht Teil dieses Buches sein. Nur mein Bedauern hierüber möchte ich ausdrücken.

Ein Tier in der freien Wildbahn, das sich an einer Dornen-hecke blutig kratzt. Was tut es ? Richtig. Es leckt seine Wunde. Es weiß instinktiv, was es zu machen hat. Sein Speichel übernimmt hierbei 2 Funktionen. Er reinigt und desinfiziert die Wunde. Und der Rest, ist nicht etwa Gottvertrauen, nein, den Rest übernimmt die Selbstheilungs-funktion des Körpers. Und hauptsächlich diese ist es um die es in diesem Buch geht. Erinnern Sie sich an folgenden Satz am Anfang dieses Buches.

Helfen Sie ihrem Tier, damit es sich selbst helfen kann.!

Genau das, was ihr Tierarzt macht, können Sie auch tun, um ihren Behandlungsplan bestmöglich erstellen zu können.

Lassen Sie uns gemeinsam die beiden Fälle

- es ist ihr eigenes Tier
- es ist das Tier eines Bekannten

durchspielen.

Fall a) es ist ihr eigenes Tier

Dann brauchen Sie es nur zu beobachten. Was hat sich an seinem Verhalten geändert. Welche äußeren Anzeichen liegen vor ?
Wenn Sie bereits einen Tierarzt oder Tierheilpraktiker aufgesucht haben, halten Sie sich noch einmal vor Augen, was der unternommen und/oder an Medikamenten verordnet und/oder verabreicht hat. Sie können nun Bestandsaufnahme machen und anhand des sich Ihnen bietenden Bildes eine Strategie entwerfen. Wenn wir jetzt davon ausgehen, dass Sie bereits Prana Seminare absolviert haben, können Sie einen Behandlungsplan erstellen, das Tier scannen und die Ergebnisse dort festhalten. Wägen Sie anhand der Ihnen vorliegenden Fakten (Gewicht, Größe und Alter) des Klienten genau ab, wie Sie mit dem energetisieren weiter gehen wollen.
Stellen Sie eine Schüssel mit Salzwasser (den Mülleimer) bereit und beginnen Sie mit der Sitzung. Seien Sie offen. Formulieren Sie ihre Absicht so konkret wie möglich. Seien Sie liebevoll und mitfühlend. Konzentrieren Sie sich jedoch nicht zu sehr. Das könnte Ihrer Arbeit im Wege stehen.
Und notieren Sie immer jede kleinste Beobachtung. Jede Veränderung so genau es Ihnen möglich ist. Und

seien Sie flexibel. Wie sie später noch lesen können, musste ich auch schon eine bereits gewählte Strategie aus der Veränderung der Zustandes eines Klienten heraus umwerfen und anpassen. Dazu dient und hilft Ihnen der Behandlungsplan. Ein Exemplar davon werde ich, wie bereits erwähnt, auf meiner Homepage zum Download anbieten. Dieser ist frei für jede Änderung und unterliegt keinen Copyrights.

Fall b) es ist ein fremdes Tier

Reden Sie mit dem Tierhalter. Nehmen Sie einen Blanko Behandlungsplan und notieren Sie die Eckdaten des „Klienten"

- Name des Klienten
- Alter
- die wichtigsten Daten des Tierhalters
- Datum der Sitzung
- bisherige Medikamentation
- Name des behandelnden Veterinärs

Lassen Sie ihn mit seinen eigenen Worten beschreiben, was seinem Tier fehlt. Hören Sie seinen Worten aufmerksam zu. Machen Sie sich auf einen separaten Blatt Notizen, falls Ihnen Fragen einfallen. Notieren Sie nun im Behandlungsplan

- die beschriebenen Beschwerden

Schauen Sie nun in der Tabelle der Chakren welches Chakra evtl. für diese beschriebenen Beschwerden verantwortlich ist und ob es vielleicht auch mehrere sind.

Als erstes sollte jede, ich sage extra „jede" Behandlung mit einem allgemeinen Sweaping beginnen. Oft ist bereits nach diesem Vorgang eine deutliche Besserung zu spüren.

Stellen Sie sich nun die Behandlung zusammen die Sie für angemessen und notwendig erachten. Arbeiten Sie am Anfang lieber mit einfachem Weißlichen Prana, wenn Sie in der Arbeit mit farbigem Prana noch unsicher sind. Erste Grundregel ist immer das gründliche und sorgfältige Sweaping. Damit ist in vielen leichteren Fällen bereits die halbe Miete, sprich eine merkliche Verbesserung des allgemeinen Wohlbefindens erreicht.

Ich möchte mit Ihnen einmal, wenn Sie wollen, folgenden Dummy Patienten durchspielen. Am Ende des Buches werde ich meinen Behandlungsplan für diesen Fall aufzeigen. Nehmen Sie keinesfalls diesen für den einzig Richtigen an, sondern als Vorschlag wie dieser Fall meiner Meinung nach zu Behandeln wäre. Lassen Sie sich durch Abweichungen zu ihrem Plan bitte nicht verunsichern. Anders zu handeln bedeutet nicht zwangsweise falsch zu handeln. Nichts zu tun wäre in jedem Fall falscher.

Fallbeispiel :

Rüde Erik , 6 Jahre alt, Seit Tagen keinen Stuhlgang.

Die Beschreibung des Tierhalters würde lauten: „Erik hat den ganzen Tag Blähungen. Wenn wir Gassi gehen setzt er sich zum Verrichten seines Geschäftes hin, bewegt die Beckenmuskeln als ob, aber es tut sich nichts. Sein Bauch fühlt sich total hart an"

So. Jetzt Sie bitte. Sie haben bisher alles an der Hand was Sie brauchen, um diesen Dummy-Klienten behandeln zu können, unseren Erik.

Seien Sie offen, gehen Sie im Kopf noch einmal Schritt für Schritt durch, was zu tun ist und haben Sie keine Angst. Angst ist ein schlechter Berater.

Anmerkung !!

Sollten Sie es bisher versäumt haben den Behandlungsplan von meiner Homepage runterzuladen, sollten Sie diese jetzt vielleicht tun. Er liegt in vielen Formaten vor, sodass für jeden etwas dabei ist.
Für alle Schreibfaulen unter ihnen habe ich am PC ausfüllbare Varianten bereitgestellt.

Http://www.prana-feelings.de

Dort unter dem Punkt : Downloads

Praxisbeispiele

Moses der Kater

Als mich das Frauchen von Moses kontaktierte, wusste ich bis dahin nur von einem gemeinsamen Bekannten, dass ihr Kater Moses gesundheitliche Probleme hatte und sie keinen Rat mehr wüsste.
Bei meinem Besuch fand ich 3 Kater vor, von denen mich 2 sehr munter begrüßten. Es waren Moses und seine 2 Brüder.
Während die beiden Brüder von Moses sich mit knapp 6 kg. Körpergewicht begnügten, zeigte die Waage bei Moses heftige 9200 Gramm an bei gleicher Körpergröße. Ein echter Brummer.
Bei der Unterhaltung mit seinem Frauchen erzählte sie mir eine traurige Geschichte. Moses hatte knappe 3 Monate zuvor sein Weibchen verloren.

 Er verfiel in starke Trauer und bewegte sich nur noch das Allernötigste. Dadurch wurde er, bei gleicher Menge Nahrungszufuhr, immer dicker.
Gleichzeitig kamen Schmerzen beim Wasserlassen hinzu und der Zustand seines Felles war erschreckend.

Moses machte einen sehr trägen Eindruck, nahm mich fast gar nicht wahr. Er war weder mit Gummimäuschen noch mit einem Wollball zum Spielen zu animieren. Geschweige denn zu einer unnötigen Bewegung.

Seine körperliche Tätigkeiten der letzten Wochen beschränkten sich auf den Weg zum Futternapf, zum Katzenklo oder zum Frauchen. Auch seine beiden Brüder schienen ihm egal zu sein.

Der erste Versuch ihn zu Scannen scheiterte kläglich. Aus irgendeinem Grund bekam ich kein Signal.
Ich beschloss mich dazu, Moses durch ein allgemeines Sweaping erst einmal zu beruhigen. Danach konzentrierte ich mich erneut. Formulierte mit sanfter innerlicher Stimme meine Absicht seine Aura zu Scannen und konnte Moses nun auch spüren.
Seine Aura fühlte sich schwammig, klebrig an. Fast alle seine Chakren, vom Wurzelchakra über das Sexualchakra bis hin zu seinen kleinen Nebenchakren. Egal welches ich scannte. Das Ergebnis war nicht zufriedenstellend.

In solch einem Fall empfiehlt es sich alle Hauptchakren erst einmal sorgfältig zu reinigen. Allerdings durch die Wischtechnik.
Erfahrene Pranaanwender wissen was damit gemeint ist.
Die wischende Handbewegung und das Rausziehen der verschmutzen Energie. Jedes Chakra wurde mit dieser

Technik 20-25 mal gereinigt und anschließend mit Hell-Weißem Prana energetisiert.

Ich konnte bei Moses bereits nach Reinigen des WurzelChakren und des Nabelchakras eine Verhaltensänderung erkennen. Er begann zu schnurren, legte sich auf den Rücken und genoss sichtlich die Prozedur.
Das anschließende Scannen der Aura war höchst zufriedenstellend. Sie war kleiner im Umfang und das vorher schwammige Gefühl war verschwunden.

Nach dem ich alle Chakren frisch energetisiert hatte widmete ich mich der Blasenfehlfunktion. Ich scannte Moses erneut.
Ich formulierte hierzu die Absicht die Blase zu scannen.
Liebevoll formulierte ich „Ist diese Blase in ihrer Funktion gehemmt ?" und führte dabei meine Scannbewegung mit sanftem Schwung durch. Schließlich wollte ich Moses nicht aufschrecken. Das Ergebnis war eindeutig. Ich spürte eine leichtes Kribbeln.
Bei jedem Pranaanwender kann dies unterschiedlich sein. Ob sie Kälte oder Wärme verspüren. Ob es kribbelt oder nicht müssen Sie für sich selbst herausfinden.

Ebenso scannte ich noch das linke und rechte Nierenneben-chakra und das Blasennebenchakra mit der liebevoll formulierten Absicht. Achten Sie bitte immer, während jeder Behandlung, dass Sie es liebevoll tun. Wenn Sie verärgert sind, selbst krank oder ermüdet lassen Sie es bitte sein und verschieben Sie die Sitzung auf einen anderen Termin. Ich kann dies nicht oft genug betonen.

Nach dem Scannen entschied ich mich für folgende kleine Behandlung die jedoch unerwartet rasch eine sehr gute Wirkung erzielte. Bereits einen Tag später bekam ich über das Kontaktformular meiner Homepage folgende Erfolgsmeldung, die ich als Original eingefügt habe.

Ich habe bei den dargestellten Kontakteinträgen, ebenso wie bei den Mails jegliche Änderung unterlassen.

hallo siegfried, moses ist wesentlich aktiver geworden, erkämpft mit den anderen aber wieder wie früher, nicht das er sich auf den rücken legt und abwartet,sondern er springt auf die anderen und läuft wie ein blöder durch die wohnung.... es wirkt.... gewicht 9200 g liebe grüsse monika

Jetzt die Behandlung, die ich rein Intuitiv angewandt habe:
Zuerst habe ich das Meng-Mein Chakra durch gründliches örtliches Sweeping gereinigt. Dabei habe ich mir sehr viel Zeit gelassen und mit größter Sorgfalt gearbeitet. Danach reinigte ich die Nieren mit Hell-Weißlichem-Grün, gefolgt von Hell-Weißlichem-Orange. Hierbei auch immer Körpergröße und

Körpergewicht von Moses beachtend. Schon während ich das tat begann er sich auf dem Boden leicht von einer Seite zur anderen zu drehen.

Ich energetisierte die Nieren für 1 AZ mit Hell-Weißlich-Grün , für 1 AZ mit Hell-Weißlich-Blau und für 1 AZ mit Hell-Weißlich-Violett.

Hiernach entschloss ich mich erneut alle Chakren einem ordentlichen Sweaping zu unterziehen.

Diesmal jedoch mit der alt hergebrachten, so genannten Wischtechnik, wie bereits anfangs erklärt.

Folgende Chakren wurden gereinigt :

- Vorderes Solarplexus Chakra
- Hinteres Solarplexus Chakra
- Wurzelchakra
- Vorderes Milzchakra
- Hinteres Milzchakra
- Halschakra
- Anjachakra
- Kronenchakra

Zum Abschluss der Sitzung energetisierte ich das Wurzelchakra sowie das Nabelchakra mit Hell-Weißlich-Grün,
Hell-Weißlich-Blau und Hell-Weißlich-Violett. Dies jeweils für nur 1 AZ. Für Moses empfand ich diese Energiemenge im Moment angemessen.

Sie werden wie ich oft zu Tieren gerufen deren Symptomatik laut Lehrbüchern ganz andere Erkrankungen vermuten lässt.

Vertrauen Sie auf ihr Gefühl. Seien Sie sorgsam und beachten Sie einfach die jeweilige Körpergröße und das Körpergewicht.

Ich persönlich hänge lieber noch eine Sitzung an, als in einer vorangegangen durch Übereifer überenergetisiert zu haben.
Auch hier gilt. „Weniger ist manchmal mehr."
Leider hatte ich nur dieses eine Mal Kontakt zu Moses und konnte die Sitzung in seinem Beisein abhalten.
Doch ich habe seine Betreuung weiterhin übernommen.
Später, im Kapitel „Fernbehandlungen", werden wir Moses wiedertreffen.

Da Prana keinesfalls den Tierarzt ersetzen kann, auch nicht will, blieb Moses auch weiterhin mit seinem Blasenleiden unter ärztlicher Beobachtung.

Viele von Ihnen mögen mich für verrückt erklären, doch ich vermute dass Moses den Verlust seiner Lebensgefährtin noch nicht verarbeitet hat. Meine Theorie, Tiere wären ebenso wie Menschen Suizid gefährdet wird vielerorts belächelt. Sicher kenne Tieren nicht den aktiven Suizid. Doch weiß man aus Erzählungen und Beobachtungen, wie hier bei Moses, wie sich das Verhalten eines Tieres nach dem Tod des Lebensgefährten verändern kann. Der Lebenswille fehlt. Das Interesse an der Gemeinschaft ist verloren gegangen. Seine Brüder stellten in keiner Hinsicht einen Ersatz dar. Ich glaube, und verlange nicht einmal dass jemand meine Meinung teilt, Moses Leiden stammen instinktiv aus diesem Wunsch seiner Lebensgefährtin zu folgen. Zum Glück fruchtete meine erste Behandlung wenigstens in der Art dass er sich wieder bewegte und Spaß am Spielen fand.

Wenn man bedenkt, dass immerhin ca. 90% der Vogelwelt monogam sind und es Tierarten gibt die sich auch über den Tod des Lebenspartners hinaus, nicht erneut binden, fällt das Verständnis für Moses leicht.

Die Schwäne sind das Königsbeispiel für Monogamie.

Elvis der chinesische Schopfhund

Die Arbeit mit dem kleinen Elvis hat mir am meisten Spaß gemacht. Obwohl Elvis laut seinem Herrchen, einem sehr liebenswerten Menschen, mit Männern nicht so schnell warm wird, war der kleine, sehr selbstbewusste Elvis ruck zuck auf meinem Schoß, als sei Herrchen mich wegen seines Leidens ansprach. Oder sollte ich „vermeintlichen Leidens" sagen.
Elvis, wie gesagt ein kleiner, aufgeschlossener und selbst-bewusster Rüde leidet an einer sehr stark ausgeprägten „VERWÖHNTHEIT" wie Sie alle sie sicher auch von Ihren Haustieren kennen.

Doch das war so auf Anhieb aus den Erzählungen des besorgten Herrchen, nicht zu erkennen. Was würden Sie aus den Erzählungen, wie ich sie Ihnen schildern möchte, vermuten?
Sein Herrchen erzählte mir folgende Geschichte.

„Heute Morgen gingen ich und Elvis an den Saarwiesen entlang spazieren, wie wir das immer tun wenn das Wetter es erlaubt. Wie es so ist wenn man sich regelmäßig irgendwo aufhält, lernt man auch andere Tierbesitzer mit ihren Hunden kennen und geht mit ihnen gemeinsam einige Zeit. Die Hunde haben dann die Gelegenheit sich auszutoben und das Herrchen kann ein Schwätzchen halten. Nach etwa einer dreiviertel Stunde verabschiedeten wir uns und wollten den Weg nach Hause antreten. Nach einigen Schritten schaute ich nach hinten. Elvis war nicht mit gekommen. Er stand am Wiesenrand und als ich ihn rief humpelte er mit dem linken Hinterbeinchen. Er blieb vor mir stehen und lief keinen Schritt mehr. Auch gutes Zureden half nichts. Also nahm ich ihn auf den Arm und wir gingen nach Hause"

Ich fragte, ob ihm das schon öfter aufgefallen wäre und bekam zur Antwort dass es bereits 2-3 mal so war und er sich Sorgen mache. Keinesfalls ungewöhnlich bei so einem kleinen lieben Ker,l dass man sich um ihn sorgt. Wir verabredeten einen Termin, wann ich die beiden Zuhause besuchen sollte, denn die gewohnte Umgebung ist immer die Beste für eine Sitzung mit Tieren. Ich besuchte die Beiden also und wurde von Elvis empfangen, als wären wir alte Freunde.

Ich scannte ihn komplett. Alle Chakren und besonders das „arg lädierte" Hinterbeinchen. Doch das einzige was ich spürte, wie bei vielen kleinen und überaktiven Hunden war ein leicht vergrößertes Wurzelchakra. Das alleine jedoch machte mich nicht sonderlich nervös.

Doch wo ich schon einmal da war, wollte ich, da ein „nichts spüren" ja nicht unbedingt bedeuten muss es lägen keine Beschwerden vor, spontan folgendes tun.

- Allgemeines Sweaping
- Örtliches Sweaping des WurzelChakren mit HWG, HWB und HWO

- Energetisieren des Wurzelchakra für den Hauch eines Atmenzyklus mit nur 2 Fingern mit HWG, HWB und HWV
- Örtliches Sweaping der beiden Hinterbeinchen mit der Wischtechnik
- Energetisieren mit Weißem Prana für einen kurzen Atemzyklus
- Stabilisieren mit HWB
- Abtrennen

Der kleine Elvis hielt sich während der Sitzung total ruhig und schien es zu genießen.

Wir beschlossen uns noch wenigstens 2 mal zu treffen, um sicher zu gehen, dass es nicht doch ein Krampf, eine Verstauchung oder ähnliches handelte. Vor dem nächsten Termin bekam ich die Rückmeldung es scheine etwas besser geworden zu sein. Dennoch wiederholte ich diese Sitzungs-abfolge, wie beschrieben, 2 weitere Male.

Nach allem was ich bisher weiß, und mit Tieren erlebt habe, bin ich zu einem Entschluss gekommen, und Elvis´s Herrchen möge es mir verzeihen. Elvis ist ein kleiner, süßer verwöhnter Bengel der genau weiß, wie er sein Herrchen um die kleinen Pfötchen wickelt. Ihm fehlt nichts. Oder besser gesagt, nichts was ich behandeln könnte.

Dennoch ist mir der kleine Hund ans Herz gewachsen und ich freue mich schon, wenn er wieder in Deutschland ist, denn die Wintermonate verbringen die beiden gerne in wärmeren Gefilden.

Ich möchte unbedingt erfahren wie es dem kleinen Racker geht.

Die Islandstute Dana

- 16 Jahre
- 380 Kilo
- Bereits seit 3 Wochen unter Tierärztlicher Aufsicht

Ihr rechtes Auge war klebrig, und im Augenwinkel eitrig. Die Nasenflügel waren leicht Angeschwollen und sie tropfte, wobei gelbe klebrige Masse abgesondert wurde. Dana schnäuzte sich mehrmals am Tag schmerzhaft ab.

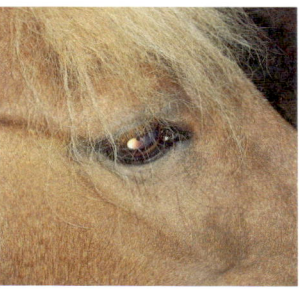

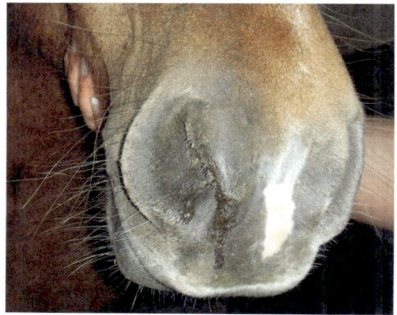

Vom Tierarzt wurde Antibiotika verordnet, welche bereits 3 Wochen verabreicht wurde.

Alle Anzeichen deuten auf die bei den Menschen häufig auftretende **Sinusitis**. (Nasennebenhöhlenentzündung)

Das vom Arzt verordnete Mittel
Sulfadimethoxin Trimethoprin 50% Sputoolysin in Form von Pulver zeigte anfänglich nicht den erhofften Erfolg.

Was ist zu Tun bei diesem Krankheitsbild ?

Übertragen vom Menschen ergibt sich nur folgende Vorgehensweise. Erstmal muss die Gesundheitsaura des Klienten gescannt werden.
Bei Dana, einer Stute, sind Unregelmäßigkeiten im Bereich der Milz und des Halschakras zu erkennen.

Am Beispiel von Dana möchte ich einmal die gesamte Behandlung im Detail darstellen, da sich erste Verbesserungen bereits nach der 1. Behandlung zeigten.

Eine vollständige Besserung nach 3 Tagen.

- 1. Behandlungstag :

Das Scanning

Zuerst beobachten wir den Klienten durch ständiges Scannen der Gesundheitsaura.

Ergebnis :
Der Scannvorgang zeigte nur leichte Blockaden im Bereich des Solarplexuschakra, jedoch deutlich einen Pranastau in den Nasennebenchakren.

Das Sweaping (Reinigen der Aura und betroffenen Bereiche)

- Allgemeines Sweaping; Sweaping des Solarplexus-Chakra 10 mal mit Hell-weißlichem-Grün, Hell-weißlichem-Orange und Hell-weißlichem-Blau.

- Sweaping des Nasennebenchakras mit Hell-weißlichem-Grün und Hell-weißlichem-Blau, ebenfalls 10 mal.
- Sweaping der Milz mittels weißlichem Prana

ACHTUNG !
Ich möchte an dieser Stelle darauf hinweisen, dass auch bei Tieren der Einsatz von orangefarbenem Prana in der Nähe des Kopfes sowie an Herz, Milz und dem vorderen und hinteren Herzchakra nicht zu empfehlen ist.

Auch bei der Arbeit mit Tieren immer die Schüssel mit Salzwasser zum Beseitigen der verschmutzten Energie bereitstellen.

Das Energetisieren

- Energetisieren des Solarplexuschakra für 8 Atemzyklen mit Hell-weißlichem-Grün, Hell-weißlichem-Blau und Hell-weißlichem-Violett
- Energetisieren der Nasennebenchakren für 4 Atemzyklen mit Hell-weißlichem-Grün, Hell-weißlichem-Blau und Hell-weißlichem-Violett.

Energetisiert wurde mittels der Hals-Handchakra-Technik, der Kronen-Handchakra-Technik sowie der Kronen-Handchakra-Technik.
Diese Techniken sollten nur von erfahrenen Prana-Anwendern angewandt werden und können im Seminar Prana II (für Fortgeschrittene) erlernt werden.
Die Dauer eines Atemzyklus entspricht der Prana-Atmung 6-1-6-1).

Anschließend wurde das frisch übertragene Prana mittels Hellblauem Prana versiegelt.

WICHTIG ! Auch beim Arbeiten mit Tieren das abschließende Trennen vom Klienten nicht vergessen.

Die Reaktion von Dana während der Behandlung:

Danas Aufmerksamkeit war total auf mich gerichtet.
Sie begann während der Behandlung an zu trinken und drehte den Kopf von links nach rechts, wobei ihre Ohren ständig auf mich ausgerichtet waren.
Sie schlug ständig mit dem Schweif und schnaubte nach der Behandlung kräftig ab.
Beim Scannen der Milz zieht sich der Unterbauch in dieser Region stark zusammen.
Wie ich später feststellte ist dies bei Krankheitsbildern zu deren Genesung die Milz beiträgt nicht ungewöhnlich. Tiere aller Gattungen reagieren sehr sensibel wenn man in ihre Aura, sei es auch nur zum Scannen, eindringt.

Beobachtungen des Besitzers am nächsten Tag:
Dana hatte bis zum darauf folgenden Tag öfter abgeschnäuzt wobei sich große Mengen klebrigen Sekrets, vermengt mit geringem Blutanteil, lösten.

2.Behandlungstag

Die Darreichung des Antibiotikums wurde weiterhin durchgeführt und wurde durch die Pranabehandlung unterstützt und beschleunigt.
Dana wirkte etwas nervöser, angespannter als bei der ersten Behandlung.
Da meine Erfahrung gezeigt hat dass Tiere beim ersten Kontakt mit Prana anfangs nervös reagieren weiß ich auch dass sie vor der zweiten Sitzung oft eine nervöse und unruhige Haltung einnehmen. Dies legt sich von Sitzung zu Sitzung.

Bereits beim Sweaping der Milz wurde sie etwas entspannter.

Das Scanning

Zuerst habe ich Dana erneut komplett gescannt, um, vielleicht schon Veränderungen zum Vortag zu erkennen.

Ergebnis:

Das Solarplexuschakra hatte sich im Vergleich zum Vortag bereits normalisiert. Hier bestanden ohnehin nur leichte Blockaden. Deutlicher wurde es im Bereich der Nasennebenchakren.
Der Pranastau dort, den ich am Vortag noch deutlich erkennen konnte, war fast neutralisiert.

Das Sweaping

- Allgemeines Sweaping, Sweaping des Solarplexuschakra 10 mal mit Hell-weißlichem Grün und Hell-weißlichem Blau
- Sweaping der Milz mit weißlichem Prana

Das Energetisieren

- Energetisieren des Solarplexuschakra für 8 Atemzyklen mit Hell-weißlichem-Grün, Hell-weißlichem-Blau und Hell-weißlichem-Violett
- Energetisieren der Nasennebenchakren für 4 Atemzyklen mit Hell-weißlichem-Grün, Hell-weißlichem-Blau und Hell-weißlichem-Violett.

Die so frisch übertragene Energie wurde wieder mit Hellblauem Prana versiegelt.
Energetisiert wurde mit den bereits oben erwähnten Energetisierungstechniken.

Danas Reaktionen während und nach der Behandlung !
Während des Scannens widmete sie mir ihre ganze Aufmerksamkeit. Ihre Ohren drehten sich verspielt in alle Richtungen. Nach dem Reinigen der Milz entspannte sich die Lage. Sie begann zu fressen und genießt sichtlich die Behandlung.
Gegen Ende der Energetisierung drehte sie abrupt und energisch den Kopf. Stampft mit dem linken Vorderhuf auf. Ein Zeichen für mich, die Übertragung des frischen Pranas zu beenden.
Daher erneut mein Appell an Sie. Achten Sie auf solche, grade erwähnten Anzeichen und Sie können sicher sein dem Tier nur Gutes zu tun.

Beobachtungen des Besitzers am nächsten Tag:

Dana hatte noch 1-2 mal stark abgeschnäuzt. Auge und Nase jedoch waren bereits frei von Verklebungen.

3.Behandlungstag

Dana machte heute einen sehr entspannten Eindruck als ich erschien. Ihre Nasenflügel sind frei und ihr Atem ging regelmäßig. Die Augenwinkel waren frei von Verklebungen. Sie blubberte vor Freude als ich an ihre

Box herantrat und zeigte keinerlei Anzeichen von Nervosität wie beim ersten Besuch.

Das Scanning

Beim Scannen war keines der anfangs betroffenen Chakren auffällig. Lediglich das linke Nasennebenhakra fühlte sich etwas vergrößert an.

Das Sweaping

- Allgemeines Sweaping, Sweaping des Solarplexuschakra 10 mal mit Hell-weißlichem Grün und Hell-weißlichem Blau
- Sweaping der Milz mit weißlichem Prana
- Zusätzliches Reinigen der Leber, da diese bei Isländern allgemein dazu neigt Pranamangel aufzuweisen
- Außerdem sorgfältiges Reinigen des Wurzelchakra mit Hell-weißlichem Grün und Hell-weißlichem-Orange

Das Energetisieren

- Energetisieren des Solarplexuschakra für 8 Atemzyklen mit Hell-weißlichem-Grün, Hell-weißlichem-Blau und Hell-weißlichem-Violett
- Energetisieren der Nasennebenchakren für 4 Atemzyklen mit Hell-weißlichem-Grün, Hell-weißlichem-Blau und Hell-weißlichem-Violett.
- Energetisieren des Wurzelchakra für 12 Atemzyklen mit Hell-weißlichem-Grün, Hell-weißlichem-Grün und Hell-weißlichem-Violett

Während dieser letzten Behandlung konnte das Gatter geöffnet bleiben. Dana zeigte keinerlei Anzeichen die Box zu verlassen. Ihre Aufmerksamkeit galt die ganze Zeit über mir.

Abschließend möchte ich es nicht versäumen zu erwähnen, dass zum Zeitpunkt an dem ich mit Prana in die Behandlung eingriff, der Tierarzt bereits seit 2 Wochen ergebnislos mit Antibiotika behandelt hatte.

Alleine diese Tatsache veranlasste den Tierhalter mich um Hilfe zu bitten.

Dana konnte mit Absprache des behandelnden Tierarztes am nächsten Tag wieder auf die Weide zu den anderen Tieren.

Zur selben Zeit befand sich eine andere Stute, mit der gleichen Erkrankung, behandelt vom gleichen Tierarzt mit der gleichen Medikamentation, jedoch ohne Unterstützung von Prana noch weitere 14 Tage in der Box und wurde bereits 6 Wochen später wieder rückfällig.

Der Wallach Torfi

- 18 Jahre
- 400 Kilo
- Verdacht auf Rheuma / Arthrose
- seit 3 Jahren nicht mehr im Beritt

Bei Torfi haben sich die Besitzer entschlossen ihn nicht mehr zu reiten und haben die Behandlung beim Tierarzt eingestellt, da keinerlei Verbesserung zu verzeichnen war.

Sein linker, hinterer Lauf zeigte beim Scannen Im Vergleich zu den anderen eine stark veränderte Gesundheitsaura.
Da der Knochenaufbau beim Pferd anders ist (siehe Vergleich Behandlungstabelle), konnte ich beim Scannen eine Art wellenförmige Ausstrahlung deutlich spüren.
Diese erstreckte sich vom, ich nenne es jetzt mal noch „Oberschenkel", bis zum „Fuß".

Später werde ich detaillierter darauf entgehen und dort auch die richtigen Begriffe Verwenden.

Zuerst verunsichert durch dieses Ergebnis unterzog ich den gesamten Hinterlauf einem genauen Scan mit den Fingern (Fingerscan), was mein Gefühl bestätigte.

Es kann immer mal vorkommen, dass Sie, grade im Umgang mit Tieren, Scanergebnisse bekommen, die so gar nicht mit dem gefühlten beim Menschen übereinstimmen.
Bleiben Sie beharrlich. Gönnen Sie sich eine Pause. Wenn Sie schon Prana I absolviert haben, kennen Sie die Übung der Handsensibilisierung.
Nehmen Sie diese Übung vor und wiederholen Sie Ihren Scan.
Einiges erklärt sich bereits durch den bereits abweichenden Knochenaufbau und Sitz der Chakren.

Dieser Erkenntnis vertrauend muss der Behandlungsablauf angepasst werden.

Hier ist sehr stark ihre Visualisierung gefordert.
Nur Mut. Es klingt schwerer als es ist.

Doch zuerst ein wenig Begriffserklärung anhand der Tabelle auf der nächsten Seite.

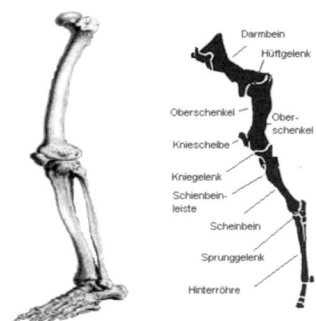

Tabelle Knochenaufbau Mensch / Pferd am Beispiel des Beines

Bereits auf den ersten Blick werden die Unterschiede sehr deutlich.

Während man beim menschlichen Bein genau die einzelnen Gelenke durch Scanning „abfragen" kann, wird es beim Pferd etwas erschwert.

Hierbei hilft es die Absicht genaustens zu formulieren. Benennen Sie in ihrer Absicht genaustens die einzelnen Glieder / Gliedmaßen.

<u>Im Anhang stelle ich ihnen einige Tabellen und Grafiken zur Verfügung.</u>

Benutzen Sie die Fingerscantechnik um genaue Ergebnisse zu erzielen.

Und verzweifeln Sie nicht, wenn es auf Anhieb nicht klappt. Üben Sie unbeirrt weiter. Wenn Ihnen ein anderes, gesundes Pferd zur Verfügung steht vergleichen Sie die Scanergebnisse. Lernen Sie ihrem Gefühl zu vertrauen.

Doch wie beim Menschen gilt. Nichts, keinen Scanning, kein Sweaping oder Behandlung ohne Einverständnis des Besitzers.

Doch kommen wir zum Behandlungsverlauf von Torfi.
Den Behandlungsverlauf von TORFI, dem Wallach, möchte ich, da er sehr umfangreich war, tabellarisch darstellen. Ab dem 5. Behandlungstag habe ich bei Torfi nur noch den linken Hinterlauf behandelt.
Das Energetisieren am Hinterlauf müssen Sie sich wie in der folgenden Abbildung vorstellen.

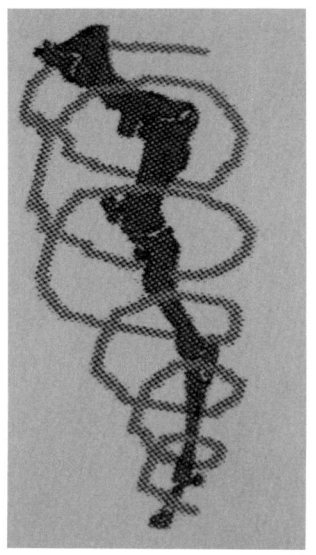

Durch das Visualisieren die Energie um den erkrankten Hinterlauf zu übertragen (ähnlich eines Verbandes) stellt sich als folgendes Bild dar. Das Energetisieren erfolgt von unten nach oben im Uhrzeigersinn.

Ich habe festgestellt, dass die Energetisierung der Läufe von unten nach oben länger anhält. Ich kann hier nur Vermutungen anstellen, dass die frische Energie im anderen Fall wieder sozusagen „ausläuft" bevor sie mit HWB stabilisiert werden kann.

In der Tabelle sind für einige Tage mehrere Einträge zu finden. Das liegt daran dass ich für jeden Behandlungsschritt einen gesonderten Eintrag vorgenommen habe.

Die jeweilige Bemerkung ist immer im letzten Schritt notiert.

Tag	Körperteil / Chakra	Vorgang	
		SW / COL	EN / COL
1	Alle 4 Läufe	HWG	10 / HWG
Eindruck Scanning		**Beobachtung / Bemerkung**	
Beim ersten Scanning hatte ich kein eindeutiges Gefühl. Der linke Hinterlauf fühlte sich nur etwas anders an. Eine Erklärung hierfür fand ich erst abends.		Torfi war während der Behandlung sehr ruhig und gelassen. Er begann sogar zu fressen. Beim EN ging er etwas zurück.	

Tag	Körperteil / Chakra	Vorgang	
		SW / COL	EN / COL
2	Solarplexuschakra	HWV	

		HWG HWB	

Tag	Körperteil / Chakra	Vorgang	
		SW / COL	EN / COL
2	Nabelchakra	HWG HWO	7 /HWR

Tag	Körperteil / Chakra	Vorgang	
		SW / COL	EN / COL
2	Milzchakra	RW FALSCH ! HWG	6 / HWG 6 / HWB 6 / HWV RICHTIG

Tag	Körperteil / Chakra	Vorgang	
		SW / COL	EN / COL
2	Alle 4 Läufe		
Eindruck Scanning		**Beobachtung / Bemerkung**	
Beim Scannen zeigt sich bereits ein genaueres Bild.		Torfi war heute sichtlich nervös als ich die Aura	

	ertastete. Beim Reinigen der Problemzone mit HWB wurde er jedoch nervös. Ich entschloss das SW abzubrechen und EN den Hinterlauf. Bereits nach 2 Atemzyklen wurde er ruhiger.

Wichtige Zwischenbemerkung zur dringenden Beachtung !!!

Am 2. Behandlungstag war ich anscheinend nicht richtig bei der Sache, was natürlich nicht sein sollte. Folgende wichtige Beobachtung möchte ich Ihnen nicht vorenthalten. Zu den Sitzungen begleitet mich meistens meine Lebensgefährtin, der ich an dieser Stelle meinen liebevollen Dank aussprechen möchte, die auf meinen Zuruf hin die Eintragungen in den Behandlungsplan vornimmt und mir auch ihre Beobachtungen mitteilt. Sie sagte laut in meine Richtung „Jetzt steht sein Kamm steil nach oben, hat das was zu bedeuten ?"

In diesem Moment hörte ich in mich und bemerke wie meine Absichtserklärung ROTES Prana zu energetisieren in meinem Kopf klang. Sofort wurde mir bewusst, dass ich einen Fehler begangen hatte den ich jedoch schnell durch Örtliches Sweaping des Milzchakras und des Solarplexuschakras mit HWG und anschließendem EN mit 6/HWG; 6/HWB und 6/HWV wieder
ausgleichen konnte. Bereits nach dem SW legte sich der Kamm wieder ab und Torfi stand still wie eine Eins.

Also bitte immer alle Aufmerksamkeit auf dem Klienten !!!

Tag	Körperteil / Chakra	Vorgang	
		SW / COL	EN / COL
3	Solarplexuschakra	HWG HWO	10 / HWG 10 / HWB 10 / HWV
Eindruck Scanning		Beobachtung / Bemerkung	

Tag	Körperteil / Chakra	Vorgang	
		SW / COL	EN / COL
3	Meng-Mein Chakra	HWG HWO	10 / HWG 10 / HWB 10 / HWV
Eindruck Scanning		Beobachtung / Bemerkung	

Tag	Körperteil / Chakra	Vorgang	
		SW / COL	EN / COL
3	Alle 4 Läufe	HWG HWO	10 / HWG 10 / HWB 10 / HWV

Eindruck Scanning	Beobachtung / Bemerkung
	War diesmal total entspannt. Keine auffälligen Reaktionen zu erkennen.

Tag	Körperteil / Chakra	Vorgang	
		SW / COL	EN / COL
4	Sexualchakra	HWG HWO	20 / HWG 20 / HWB 20 / HWV
Eindruck Scanning		Beobachtung / Bemerkung	

Tag	Körperteil / Chakra	Vorgang	
		SW / COL	EN / COL
4	Lauf hinten Links	HWG HWO	20 / HWG 20 / HWB 20 / HWV
Eindruck Scanning		Beobachtung / Bemerkung	

Die Aura fühlt sich gleichmäßiger an. Das Sexualchakra schien zu beginn der Sitzung blockiert.

Ab dem 4. Tag habe ich die Energetisierung nur noch wie auf der Grafik dargestellt durchgeführt. Das Ergebnis konnte sich sehen lassen. Eine wesentlich länger anhaltende Energieversorgung. Torfi schnaubte ab, stand wie angewurzelt, kaute ständig ohne Futter und drehte den Kopf ständig zu mir.

Tag	Körperteil / Chakra	Vorgang	
		SW / COL	EN / COL
5	Lauf hinten links	HWG HWO	20 / HWG 20 / HWB 20 / HWV

Eindruck Scanning	Beobachtung / Bemerkung
	Torfi war total ruhig. Schnaubte zufrieden am Ende von EN mit HWB ab.

Tag	Körperteil / Chakra	Vorgang	
		SW / COL	EN / COL
6	Lauf hinten links	HWG HWO	10 / HWG 10 / HWB

		10 / HWV
Eindruck Scanning		**Beobachtung / Bemerkung**
		Laut der Besitzerin zum ersten Mal keine sichtbaren Anzeichen mehr. Besserung in Sicht ?

Tag	Körperteil / Chakra	Vorgang	
		SW / COL	**EN / COL**
7	Lauf hinten links	HWG HWO	5 / HWG 5 / HWB 5 / HWV
Eindruck Scanning		**Beobachtung / Bemerkung**	
		Wurde gegen Ende der Sitzung nervös. Anfangs ruhig	

Tag	Körperteil / Chakra	Vorgang	
		SW / COL	**EN / COL**
8	Lauf hinten links	HWG HWO	5 / HWG 5 / HWB 5 / HWV
Eindruck Scanning		**Beobachtung / Bemerkung**	
		Heute wurde vereinbart, dass vor der nächsten Sitzung zum ersten Mal	

		nach 3 Jahren der Sattel wieder aufgelegt werden sollte. Die Spannung wuchs. Zustand stabil.

Tag	Körperteil / Chakra	Vorgang	
		SW / COL	EN / COL
9	Lauf hinten links	HWG HWO	5 / HWG 5 / HWB 5 / HWV

Eindruck Scanning	Beobachtung / Bemerkung
Die Aura von Torfi fühlte sich nach dem Ritt kraftvoller an. Die leichte Blockade in der Leber ist bei Isländer-pferden fast Normal-zustand	Beim heutigen ersten Ausritt nach 3 Jahren war auf den ersten Blick nicht zu erkennen ob sein „Unrundlaufen" noch durch Schmerzen ausgelöst wurde oder einfach noch durch die Steifheit verursacht wurde. Nach dem Ritt keinerlei negative Veränderung erkennbar.

Zwischen dem 1. Ausritt nach 3 Jahren erfolgte nun 5 mal die gleiche Behandlung.
- Allgemeines SW
- SW mit HWG und HWO am linken Hinterlauf
- EN für 5 AZ mit HWG, HWB und HWV

- EN der 11 Hauptchakren mit HWW für jeweils 3 AZ
- Stabilisieren mit HWB

Heute soll nach einem letzten ausgiebigem Test die vorerst letzte Behandlung stattfinden.
Beim Ritt waren mehrere geübte Reiter sowie die Besitzerin und eine Reitlehrerin anwesend. Keiner dieser Personen konnte noch eine Einschränkung erkennen. Die Besitzerin entschloss sich Torfi wieder vorsichtig, Schritt für Schritt, in den Beritt zu integrieren.

Tag	Körperteil / Chakra	Vorgang	
		SW / COL	EN / COL
15	Lauf hinten Links	HWG HWO	5 / HWG 5 / HWB 5 / HWV
Eindruck Scanning		**Beobachtung / Bemerkung**	
		Mit dieser Sitzung habe ich die Behandlung von Torfi abgeschlossen.	

Wie der gesamte Behandlungsverlauf zeigt, ist es manchmal von Nöten konsequent an dem Problem zu arbeiten und auch flexibel genug zu sein, mittendrin auch mal umzustellen.
Ich glaube fest daran dass Sie mit der Zeit und etwas Übung diese Sicherheit erlangen.

Die Islandstute Fidla

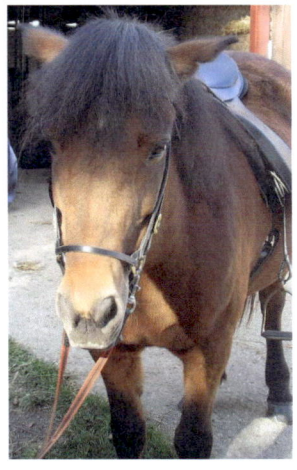

- 16 Jahre
- 380 Kilo
- Trächtig

Fidlas Besitzerin hatte mich gebeten einmal einen Blick auf sie zu werfen, weil sie nach einem Ausritt an starkem Husten litt. Bei der ersten Behandlung haben wir nur vorsichtig gescannt.

Dem Umstand der Trächtigkeit können wir hier sicher die etwas verwirrenden Scanergebnisse zuschreiben. Beim Scanning des unteren Bauchbereiches war ein Verschwimmen von Leber und Milz, sowie eine leichte Blockade des MIlzchakras zu erkennen. Ähnlich intensiv fühlt sich ein stark vergrößertes Wurzelchakra an. Nach jeder Behandlung hat sich Fidlas Zustand zuerst gebessert, dann jedoch nach jedem neuen Einstreuen von Silage, begann Fidla extrem zu husten. Ein Scannen direkt nach so einer Hustenattacke zeigte stark belastete Nasennebenchakras sowie eine Blockade des Milzchakras.

ACHTUNG !
Hier müssen wir dem „Umstand" Rechung tragen und genaustens darauf achten, keine zu dunklen
Farben zu visualisieren.

Weitere Einsatzmöglichkeiten

Selbstverständlich können Sie mit Prana Energie mehr als nur ihrem Tier Linderung verschaffen und helfen, wenn sich Anzeichen für Erkrankungen jeder Art zeigen.

Warum aber solange warten ? So wie Sie für sich einiges tun um fit und gesund zu bleiben. So wie Sie Vorsorge treffen im physischen und energetischen Bereich, so können und sollten Sie es auch für ihr Tier tun.

Hierbei denke ich an folgende Bereiche wobei die Reihenfolge der Aufzählung zufällig erfolgte und ihr daher kein besonderer Stellenwert zuzuordnen ist.

Themen wie Deckvorbereitung, Stressabbau beim Verladen eines Pferdes, Herdenwechsel und Integration, Stärken des Immunsystems bis hin zur Energiehygiene, dienen zum Einen der Möglichkeit der Prophylaxe im Bereich der Tierarbeit außerdem die Komplexität anzeigen die das verantwortungs-bewusste Arbeiten mit Prana bedeutet!

Ich kann Ihnen allerdings nur Anregungen und Lösungsansätze aufzeigen. Den Willen diese umzusetzen, ihren Bedürfnissen entsprechend anzupassen und die Geduld dazu müssen Sie selbst beisteuern. Offenheit und der ehrliche Glaube daran das Richtige zu tun, wobei die Unterstützung von der Seite des Veterinärs nicht ausgeschlossen werden darf, sind Punkte die ich immer wieder erwähnen muss.

Ich hoffe, nein ich bin sicher einige von ihnen werden aus den folgenden Kapiteln Anregungen für ihre Arbeit ziehen können die von unschätzbarem Wert sind.

Deckvorbereitung

Bei vielen Tierfreunden stellt sich irgendwann der Wunsch nach tierischem Nachwuchs ein.
Doch nicht immer spielt die Natur auf Anhieb so mit, wie es der Tierbesitzer sich wünscht oder vorstellt.

Ebenso wie beim Mensch spielen viele Kriterien eine Rolle. Sei es die noch nicht vollständige Geschlechtsreife, die sich im Normalfall erst später als der Geschlechtstrieb einstellt,
oder sei es dass der Akt nicht zum erwarteten Ziel führt.

Beim Hengst sind folgende Faktoren von Bedeutung :

- Anzahl der Spermien
- Die Morphologie (Anzahl guter Samenzellen)
- Menge des Spermas
- Die Konzentration

Sollte die Fortpflanzung an einem der oben genannten Punkte scheitern, muss man nicht unbedingt, weil man ja unbedingt von diesem Hengst einen Nachfolger wünscht, an künstliche Befruchtung denken.

Ähnlich wie bei uns Menschen spielen äußere Faktoren eine wichtige Rolle.
Einige dieser Faktoren entstehen schon durch den Transport, weil die ausgewählte Stute sich in einem anderen Stall aufhält. In dem Fall ist es möglich, wie später noch beschrieben, vor dem

Verladen und direkt nach dem Entladen das Tier zu behandeln.

Vielleicht ist das Tier auch neu in der Herde und bedingt durch diesen Umstand sehr nervös.
In diesem Fall ist das Solarplexuschakra gestaut.
Hierfür verwenden Sie folgende kleine Behandlung:
Nehmen Sie an der Stelle ein allgemeines Sweaping vor. Reinigen Sie das Solarplexuschakra mit Hell-Weißlich-Grün. Danach mit Hell-Weißlich-Orange. Energetisieren Sie es mit Hell-Weißlich-Grün, Hell-Weißlich-Blau und Hell-Weißlich-Violett für 6-8 Atemzyklen. Stabilisieren Sie die Energie und trennen Sie sich ab.
Bei der Stute können andere Probleme auftauchen:
Die Stute sollte so wenig wie möglich besamt werden. Als Faustregel empfiehlt sich 1 x pro Zyklus, da die Gebärmutter durch zu häufiges Besamen nachhaltig belastet werden kann.

Nehmen Sie sich Zeit.
Reden Sie mit dem Besitzer des jeweils anderen Tieres, Stute oder Hengst, sofern Ihnen nicht beide Tiere gehören. Zeigen Sie Ihm die Möglichkeiten auf, welche sich durch eine Behandlung mit Prana ergeben.
Eine Behandlung beider Tiere führt, sofern kein körperlicher Defekt vorliegt, zum höchstmöglichen Ergebnis.
(Da Ihnen in den meisten Fällen keine Laborwerte vorliegen. Besonders als Privatmann steht Ihnen diese Möglichkeit ohnehin selten zur Verfügung möchte ich hier wieder den Behandlungsplan erwähnen.)

Vom Griff zu so genannten Pheromonen kann ich persönlich nur abraten. Lassen Sie der Natur ihren freien Lauf. Wenn es mit der Fortpflanzung auf natürlichem Wege nicht klappen soll, nehmen Sie es einfach als gegeben hin.

Es gibt Eingriffe in die Natur und die Umwelt die man einfach hinterfragen sollte. Die Entscheidung hierfür jedoch liegt bei jedem selbst.

Wenn sich der Wunsch nach Nachwuchs durch eine lange Planungsphase immer stärker manifestiert hat, ist man sich auch der großen Verantwortung die man eingeht, bewusst und kann so von Beginn an mit einer regelmäßigen und einem gut durchdachten Behandlungsplan mit der Deckvorbereitung beginnen.

Da viele am Fortpflanzungsvorgang beteiligter Hormone von den endokrinen Drüsen gebildet und sofort ins Blut weitergeleitet werden, müssen diese unbedingt in den Behandlungsplan miteinbezogen werden.

Das Ajnachakra, welches die endokrinen Drüsen steuert, regt den Hypothalamus an und verstärkt dessen Koordinationsaufgaben, indem es frisches Prana in der richtigen Konzentration weiterleitet.

Daher ist der Zustand des Ajnachakras, sei es eine Energieblockade, Energiemangel, eine Erweiterung oder Stauchung, von großer Relevanz. Alle diese Abweichungen wirken sich negativ auf die Fortpflanzung aus.

Am gesamten Fortpflanzungsvorgang sind folgende Chakren beteiligt.

- Ajnachakra , wie bereits oben angesprochen
- Sexualchakra , es übernimmt die Kontrolle der Sexualorgane und versorgt diese mit Energie
- Wurzelchakra , versorgt das Sexualchakra mit Energie
- Halschakra , leitet einen Teil der Energie an die Sexualorgane weiter
- Einige Nebenchakren die später im Behandlungsvorschlag erwähnt werden, da sie vom Geschlecht abhängig sind und abweichen

Sobald der Entschluss gefasst ist kann man folgende Behandlung, unabhängig vom Geschlecht, durchführen.

Beginnen Sie mit einem allgemeinen Sweaping. Wiederholen Sie dass 2-3-mal, wobei darauf zu achten ist, dass jeder Sweapingvorgang ca. 10-12 Sekunden dauern sollte und mit sehr viel Sorgfalt durchzuführen ist.

Anders als beim Menschen können Sie hier alle 5 Sweaping- Durchgänge gleichmäßig durchziehen. Denken Sie dabei an ihre Absicht die verschmutze graue Energie aus der Aura zu entfernen.

- Reinigen Sie anschließend das Halschakra mit HWG und HWO
- Reinigen Sie das Wurzel – und Sexualchakra mit HWG, HWB und HWV
- Enegetisieren Sie diese Chakren für 6-8 Atemzyklen mit HWG, HWB und HWV

Hier jetzt der Teil speziell für die Stute :

Nehmen Sie gezielt eine Reinigung des Gebärmutter - Nebenchakras vor. Reinigen Sie es allerdings nur mit HWG. Ebenso sollte das Eierstock - Nebenchakra mit HWG gereinigt werden.

Hier der Teil speziell für den Hengst :

Nehmen Sie gezielt eine Reinigung des Prostata - Nebenchakras vor. Reinigen Sie es allerdings nur mit HWG. Ebenso sollte das Hoden - Nebenchakra mit HWG gereinigt werden.

TIP !
An dieser Stelle kann es nicht schaden folgende Organe mit in die Prophylaxe einzubeziehen.
Bei der Stute :

- Gebärmutter
- Schamlippen
- Eierstöcke

Beim Hengst

- Glied
- Prostata
- Samenleiter

Durch präzise, doch nicht mit zu starkem Willen durchgeführte Visualisierung sind hier die besten Ergebnisse zu erreichen.

Erstens strengt eine zu starke Willenskraft sehr an und zum Zweiten erreicht man dadurch eher das Gegenteil. Diese Arbeiten können bzw. sollten Sie 3-4 mal die Woche durchführen. Nehmen Sie sich dazu Zeit.

Sollte jetzt, nach all ihren Bemühungen sich kein Deckerfolg einstellen sollte man die weitere Vorgehensweise einmal in aller Ruhe eine genaueren Prüfung unterziehen. Zumindest wird diese Behandlung förderlich sein für das Wohlbefinden ihrer Tieres und somit einer künstlichen Befruchtung zugute kommen. Soll es einfach nicht sein, dass ihre Stute trächtig wird ? Bringt uns eine künstliche Besamung den erhofften Erfolg ?

Ich möchte Ihnen keineswegs diese Entscheidung abnehmen, doch persönlich vertrete ich die Meinung, dass, wenn nach oben Aufgeführtem Behandlungsplan ihr Hengst außer Stande ist die gewählte Stute zu schwängern oder ihre Stute von dem gewünschten Hengst, selbst nach mehrfachen Versuchens nicht trächtig wird, Sie das Vorhaben abbrechen und der Natur ihren freien Lauf lassen sollten. Stellt es sich irgendwann später von alleine ein, umso besser und erfreulicher. Ansonsten denke ich, haben Sie ihren Beitrag geleistet. Aber die Entscheidung liegt bei Ihnen.

Nach dem Winter

Wenn ich in diesem Buch von Pferden schreibe, möchte ich an dieser Stelle explizit noch einmal erwähnen dass es sich hierbei um Islandpferde handelt. Mit den „großen" Pferden wie sie in der Isländer-Fan-Gemeinde genannt werden, habe ich leider sehr wenig praktische Erfahrung, sehe dies jedoch unproblematisch an da, die Anatomie, abgesehen von der Größe, identisch ist!

Wenn ihr Pferd den ganzen Winter über mit vielen anderen in einem Stall zusammen verbracht hat und weniger geritten wurde als es aus Zeitgründen möglich war. Es liegt eben an der Natur dass die Wintertage kürzer sind was den meisten von Ihnen, die einer geregelten Arbeit nachgehen, den Ausritt in die Nachmittagsstunden leider unmöglich macht.

Was passiert mit ihrem Pferd im Winter? Durch den Mangel an Bewegung haben viele Winterspeck angesetzt.

Dies liegt nicht unbedingt nur an der mangelnden Bewegung sondern an ungewollter Überfütterung. Wie so etwas passiert ? Sehr schnell und ungewollt sammeln sich Fettdepots, die Sie jetzt jedoch bitte nicht mit einer Rosskur „abreiten" sollten. Bitte nicht. Übertriebene Anstrengung kann

dem Tier nur schaden. Eine zu schnelle Ablösung des Depotfettes kann zu extremen Stoffwechselveränderungen führen und hier im Besonderen beim Fettstoffwechsel.

Anhand folgender Fakten wird Ihnen sicher einiges klarer und ich zeige Ihnen im Anschluss daran auf, wie

Sie mit Hilfe von Prana hier bessere, und für das Tier schonendere, Ergebnisse erzielen können.
Es gibt 3 Eckwerte die den Nahrungsbedarf von Pferden, oder allgemeiner auch von Stalltieren, ausdrücken und deren Einhaltung leider eher selten vom einzelnen Tierhalter, besonders beim Einstellen des Pferdes in einem Reiterhof, überwacht bzw. nachgeprüft wird.

1. Der Ruhe / Minimalbedarf
   - bezeichnet die Energiemenge die das Tier im absoluten Ruhezustand benötigt

2. Der Erhaltungsbedarf: er ergibt sich aus 4 Werten
   - Ruhe / Minimalbedarf +
   - Energiebedarf zur Nahrungsaufnahme +
   - Energiebedarf zur Verdauung +
   - Wärmeausgleich und Regulierung durch leichte Bewegung

3. Der Arbeits / Leistungsbedarf, er ergibt sich aus 2 (5) Werten
   - Erhaltungsbedarf (4 Werte) +
   - Mehrbedarf für Leistungen, dem Bewegungsbedarf

Hallo ? Wie soll ein Laie dies alles bewerten und vor allem auswerten können? An dieser Stelle möchte ich für die Stallbesitzer eine Lanze brechen. Sie tun sicher ihr Bestes und sind bemüht immer ein Optimum an Versorgung zu bieten.

Doch selbst bei gewissenhafter Rationierung bleibt die Bewegung eine große Unbekannte in der Bedarfsanalyse.

Daher werden Sie in bestimmten Fällen auch jedes Jahr nach dem Winter an ihrem Pferd diese Fettpolster deutlich erkennen. Doch was ist jetzt zu tun ?

Beifütterung von sog. Fettburnern ? Keinesfalls ratsam. Die diesen Zusatzmitteln beigemengten chemischen Substanzen erfüllen sogar vielleicht ihren Zweck der erhöhten Fettverbrennung, jedoch um den Preis der gestörten Verdauung.

Die Lösung die ich Ihnen aufzeigen möchte ist Bestandteil einer Pranasitzung die sehr viel subtiler einhergeht und bisher sehr gute Ergebnisse gebracht hat. Sie setzt sich zusammen aus dem Bedürfnis dem Pferd die Beine zu stärken, um nach der langen Winterpause den Muskelaufbau zu verbessern und Krämpfen vorbeugend entgegenzuwirken, die Psyche ein wenig zu stabilisieren und die Fettverbrennung anzuregen.

Dieses komplett „Winterpaket", wie es die Werbebranche nennen würde, soll folgendes bewirken. Wie beim Menschen fehlt den Tieren die Sonne und deren Einfluss auf den Tagesablauf. Ihre Psyche ist oft durch das lange zusammensein mit den anderen Pferden und den Rangeleien die dadurch entstanden sind angeknackst. Die Hormone gestaut. Die Beinmuskeln durch die mangelnde Bewegung nicht mehr in dem Zustand wie zu Ende des Herbstes und erschwerend hierzu hat sich das Gewicht durch die Fettpolster erhöht. Wo setzen wir also an ?

Stichwort : Rundum Sorglospaket :-) (würde sich das in der Werbung wohl nennen)

Sitzungsablauf:

Grundsätzlich sollte jede Pranasitzung mit einem allgemeinen Sweaping beginnen. Wenn man länger und intensiv mit Prana arbeitet geht dies in Fleisch und Blut über.
Ich zähle hier jedoch, um den Ablauf komplett darzustellen, erneut auf.

Wir beginnen mit dem allgemeinen Sweaping und zwar 3-4 Durchgänge. Das Pferd wird oft bereits hiernach ruhiger und für die folgenden Schritte aufnahmebereiter.

Aufbau der Psyche
Um die Psyche ein wenig aufzubauen können Sie, sollten Sie das Seminar „Psycho- Prana" noch nicht absolviert haben nur bedingt etwas tun. Doch diese Möglichkeit zeige ich Ihnen. Nehmen Sie ein ausgiebiges, örtliches Sweaping am Kronenchakra vor. Beginnen Sie mit Normal Weißlichem Prana. Verwenden Sie die Wischtechnik . Nehmen Sie sich Zeit. Verstärktes Drehen der Ohren in alle Richtungen ist ein klares Anzeichen, dass sie zu dem Pferd durchdringen. Nach 2-3 Minuten können Sie, auch ein örtliches Sweaping mit HWG durchführen und zwar mit der Hand-Hals-Chakra Technik. Erinnern Sie sich. Sie war Bestandteil des Prana II Seminars. Energetisieren Sie das Kronenchakra für 6-8 AZ mit HWV. Stabilisieren Sie mit HWB. Wichtig. Trennen Sie sich bitte noch nicht ab.

Stärken der Beinmuskel

Um hier etwas besser verstehen zu können, möchte ich Ihnen die Unterschiede zwischen Mensch und Tier einmal etwas genauer darstellen. Wie bereits im Behandlungsverlauf von Torfi erwähnt, stellen sich die Läufe beim Pferd etwas anders da. Erstens anatomisch und zweitens energetisch beim Scannen. Wie dort grafisch dargestellt, habe ich eine Energetisierungstechnik entwickelt, die zum Einen die Energetisierung erleichtert und zum Anderen einen Energieverlust verhindert. Da Pferde wie alle Huftiere ständig Erdenprana aufnehmen besteht grade in den Läufen ständige die Gefahr dass die frisch hinzugefügte Energie mit diesem Erdprana verwischt und somit den gewünschten Effekt verwischt. Wenn Sie bei einem Menschen die Arm und Beinmuskeln aufbauen wollten würden Sie wahrscheinlich folgende Chakren / Bereiche behandeln.

Am Arm würden Sie :
- Das Schultergelenk   (A1)
- Das Achselhöhlenchakra (A2)
- Das Ellbogengelenk (A3)
- Das Handgelenk (A4)

Am Bein würden Sie :
- Das Darmbein (B1)
  Das Hüftgelenk (B2)
- Das Kniegelenk (B3)
- Das Fußgelenk (B4)

Den Vorderlauf können wir als Gegenstück des menschlichen Armes nehmen und den Hinterlauf als Bein des Menschen.

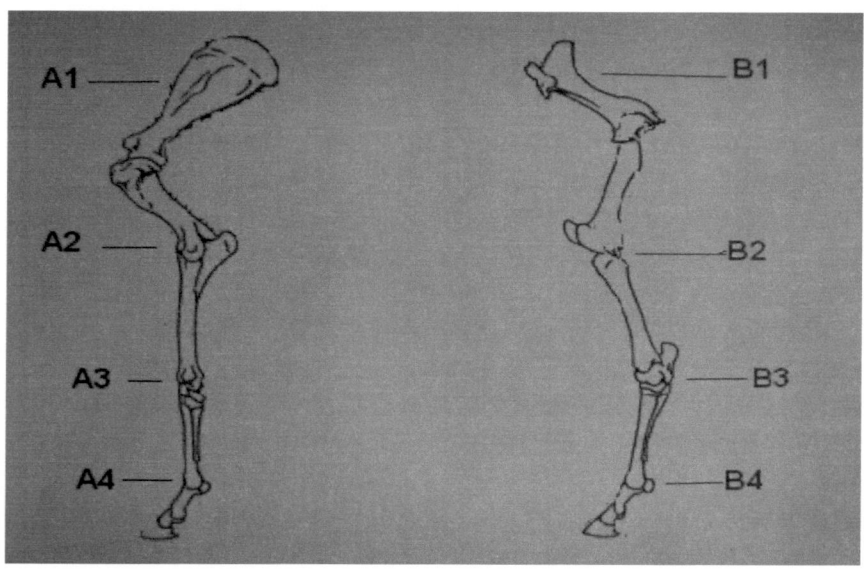

Vorderlauf		Hinterlauf	
Schulterblatt	A1	Darmbein	B1
Ellbogengelenk	A2	Kniekehlgelenk	B2
Vorderfusswurzelgelenk	A3	Sprunggelenk	B3
Vorderröhre	A4	Hinterröhre	B4

Bevor die Kenner der Tierantomie nun die Nase rümpfen! Diese grafische Gegenüberstellung betrifft den rein energetischen Aspekt, um Ihnen die Arbeit mit Prana zu vereinfachen.

Beginnen Sie nun also mit dem örtlichen Sweaping dieser Punkte mit HWG und HWO. Energetisieren Sie anschließend jeden dieser Punkte für 6-8 AZ zuerst mit HWG, HWB und dann mit HWV. Arbeiten Sie jeden Lauf einzeln ab.
Arbeiten Sie hierbei wie ich es im Behandlungsverlauf von Torfi zeigte. Ihre Visualisierung ist hierbei stark gefordert. Energetisieren Sie die Läufe von unten nach oben im Uhrzeigersinn.

Aufgepasst !!!
Nach jedem Lauf unbedingt die frische Energie stabilisieren.
Nehmen Sie nun ein örtliches Sweaping am Wurzelchakra vor mit HWG und HWO. Danach energetisieren Sie das Wurzelchakra für 6-8 AZ (Atemzyklen) mit HWG, HWB und HWV. Jetzt jedoch nicht stabilisieren. Zuerst beginnen wir mit dem letzten Schritt der Sitzung.

Stoffwechsel anregen (verbesserte Fettverbrennung)
Der Verdauungsapparat des Pferdes ist sehr komplex. Zu komplex, als dass es Inhalt dieses Buches sein kann. Doch kommen wir nicht umher die Hauptpunkte und die für den Stoffwechsel (im energetischen Sinne) verantwortlichen Stationen anzusprechen.
Wie immer versuche ich Ihnen dies anhand einer (Freihand) Grafik zu veranschaulichen.

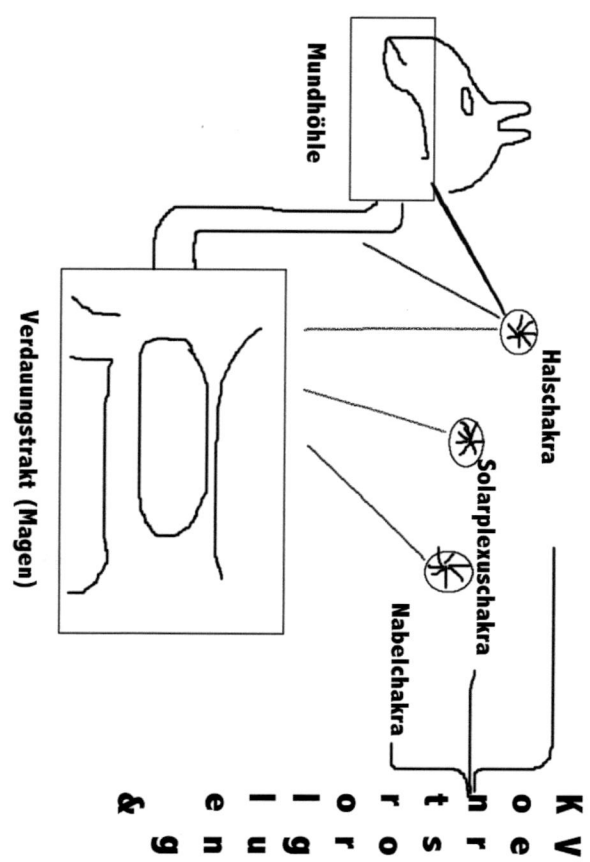

Mundhöhle

Halschakra

Solarplexuschakra

Nabelchakra

Verdauungstrakt (Magen)

Kontrollorgane &

94

Nebenbei sind folgenden Organe mit ihren Nebenchakren beteiligt und müssen unbedingt erwähnt werden.

- die Leber
- die Galle
- die Pankreas

Da, wie schon erwähnt, die Gallenblase entfällt muss die stark ausgeprägte Gallenröhre mit einbezogen werden.

Sie gehen also folgendermaßen weiter vor, wobei wir ein besonders Augenmerk auf das Sweaping werfen.

Führen Sie daher ein ÖS (Örtliches Sweaping mir HWG oder Weißem Prana an folgenden Chakren / Organen durch :

- Halschakra
- Solarplexuschakra
- Nabelchakra
- Speiseröhre
- Kieferhöhle samt kleiner Nebenchakren
- Leber
- Gallen
- Pankreas
- Gallenröhre

Energetisieren Sie jetzt folgende 3 Chakren der Reihe nach mit HWG, HWB und HWV für jeweils 8-10 AZ.

- Nabelchakra ; es leitet das Prana in den Verdauungstrakt
- Milzchakra ; leitet das Prana weiter um das Immunsystem zu stärken
- Meng-Mein Chakra ; unterstützt den Muskelaufbau

Stabilisieren Sie die Energie mit HMB und trennen Sie sich ab.

Selbstverständlich können Sie diese Behandlung und deren Verlauf ausbauen, bzw. variieren. Je nach verfügbarer Zeit und ihrem Interesse. Dabei auch ruhig alle Chakren und Neben-Chakren miteinbeziehen.

Doch obwohl Sie mit Prana vom Grundsatz her erstmal nichts kaputt machen können, gilt auch hier der allzeit und überall bewährte Grundsatz.

Weniger ist manchmal Mehr !

Wenn Sie die Sitzung wie oben beschrieben direkt nach der Winterpause 3-5-mal durchgeführt haben, werden Sie sehen, dass Ihr Pferd wesentlich entspannter die neue Frühlings-Saison beginnt und die Fettpolster wesentlich leichter verliert.

Vor- und nach dem Verladen

Jeder der schon einmal versucht hat ein Pferd in einen Pferdeanhänger zu bekommen, das so gar keine Lust dazu hat, weiß jede Hilfe, die er bekommen kann, zu schätzen.

Ein Pferd das aus Angst, sei es aus schlechter Erfahrung oder aus einer Art „Grundangst" heraus die Vorderläufe fest in den Boden stemmt, ist nicht einfach zu überzeugen dass man ihm nichts Böses will.
Oft steht das Pferd bereits mit den Vorderläufen auf der Rampe, wenn es nochmal einen abrupten Schwenk macht und sich weigert den Hänger zu betreten.
Ungeübte „Verlademeister" neigen dazu das Tier mit lauten Geschrei und wilder Gestik vor sich herzutreiben und Helfer bilden eine keilförmige Gasse, was ein Entweichen nicht mehr möglich erscheinen lässt. Der Verladevorgang bedeutet für das Tier eine psychische Belastung, die oftmals von Unbeteiligten belächelt wird und den Tierhalter verärgert.

Beim ersten Verladen ist es das Unbekannte. So wie viele Pferde ungern in die Box wollen. Wenn das Tier dann schon einmal im Hänger war, wie auch immer es da reinbugsiert wurde, dann hat es oftmals das Geschaukel der Fahrt in schlechter Erinnerung. Wie oft sieht man Fahrer die, obwohl sie solch empfindliche Fracht transportieren, sehr ungeschickt, ja fast rücksichtslos rangieren.
Abruptes Anfahren und unsanftes Bremsen sind Vorgänge die dem Pferd Angst bereiten. Sein Gleichgewichtssinn muss während des Transportes

vermehrt arbeiten, was für das Tier eine immense Belastung bedeutet, wenn dies auch viele für Blödsinn halten und denken, das Pferd genieße die Fahrt. Pferde sind Fluchttiere und würden am Liebsten fluchtartig diesen engen Käfig, der Gefahr bedeutet, verlassen.

Pferde reagieren sehr feinfühlig auf
- Lautes Geschrei und wildes Gestikulieren
- Gewalt, Schläge
- Hektik
- Erhöhten und andauernder Lärmpegel

Das Verladen und der Transport stellen für Ihr Pferd also eine sehr große psychische Belastung dar, die Sie jedoch eindämmen können und sollten. Tiere reagieren auf all diese Einflüsse ähnlich wie wir Menschen mit Aggressionen welche sich, sollten sie diese nicht abbauen können, in Traumata manifestieren.
Doch soweit muss es nicht kommen. Wenn Sie das Pferd kaufen und es soll mit dem Hänger zu dem Stall Ihrer Wahl transportiert werden und ist es noch nicht gewohnt, arbeiten Sie mit dem Tier einige Tage vor dem Umzug.
In dem meisten Fällen wird ein Transport zumindest einige Tage vorher beschlossen, und auch der Kauf erfolgt in den wenigsten Fällen derart spontan, dass eine Transport-vorbereitung nicht stattfinden kann.

Führen Sie folgende Behandlung 5-7 mal durch, wenn ihre Zeit es zulässt. Bleiben Sie dabei ruhig und gelassen. Ihre Ruhe und Kraft wird sich auf das Pferd übertragen.

Stress nistet sich im Solarplexuschakra ein, hemmt dessen Aktivitäten und es hört auf regelmäßig zu arbeiten. Davon mit betroffen sind das Ajnachakra und das Kronenchakra.
Wenn das Pferd beim Verladen auch noch den Kopf heftiger und hecktischer als sonst bewegt, ist auch das Blasenchakra und Blasennebenchakra betroffen.

Nehmen Sie ein örtliches Sweaping abwechselnd am vorderen Solarpelexuschakra und am hinteren Solarpelxus-chakra vor.

Hinweis ! Ich weiß, ich habe im Kapitel „Die Chakren" erwähnt, dass ich selbst bei größten Bemühungen keine zweifelsfreie Bestätigung für diese Trennung in vorderes und hinteres Solarplexuschakra bekommen habe. Dennoch nehme ich diese Trennung in meiner Absichtsformulierung und der Visualisierung vor.
Ich bitte Sie daher dies auch zu tun.

Energetisieren und anschließend für 6-8 AZ mit HWV. Reinigen Sie abwechselnd, bis sich beim Scannen das Solarplexuschakra für Sie gut anfühlt.
Sollten Sie sich noch nicht sicher sein oder ihrem Scanergebnis noch nicht vollends vertrauen können achten Sie auf die Signale ihres Pferdes. Ich bin mir sicher sie spüren wenn es genug hat. Jetzt hemmen Sie bitte das überaktive Solarplexuschakra durch Energetisierung mit HWB für 3-4 AZ.
Jetzt reinigen Sie das vordere und hintere Herzchakra und energetisieren das Herzchakra mit HWV durch den Rücken.

Beim Pferd hilft es hierbei sich das Pferd auf den Hinterläufen vor sich aufbäumend zu visualisieren, so dass der Sattelrücken zu einem zeigt.

Beim Kronen und Ajnachakra genügt ein sorgfältiges Reinigen mittels der Wischtechnik oder ein örtliches Sweaping mit Weißlichem Prana. Da Tiere nicht dem reinen negativen Gedankengut unterliegen ist dies völlig ausreichend.

Nach dieser Sitzung stabilisieren Sie die frische Energie mit HWB und trennen sich von dem Pferd ab.

Ganz wichtig bei dieser Sitzung sind folgende, bitte ernstzunehmenden Dinge.

- Achten Sie während der Sitzung auf eine ruhige Umgebung
- Seien Sie, und das ist der mit Abstand wichtigste Punkt, selbst ruhig und gelassen. Es nützt kaum etwas, wenn Sie stressbeladen von der Arbeit zu ihrem Pferd fahren um es gerade von diesen Stressemotionen zu befreien. Der umgekehrte Effekt könnte entstehen. Zumindest aber kein positiver Effekt.
- Können Sie dem Pferd nach der Sitzung Ruhe und geben Sie ihm frisches kühles, nicht zu kaltes Wasser

Wenn Sie diese Sitzung schließlich 3-4 mal durchgeführt haben wollen Sie sicher das Ergebnis ihrer Bemühungen anschauen. Dagegen ist nichts zu sagen.

Doch auch bitte jetzt gilt! Tun Sie es wenn Sie selbst stressfrei sind. Beachten Sie bitte folgende kleine Tips.

- Stellen Sie den Pferdeanhänger so ab, dass er in gerader Linie zu erreichen ist.
- Der Weg dorthin sollte etwa in 30 Sekunden zu bewältigen sein. Sogenannte „Stresserinnerungen" bleiben bis 60 Sekunden verborgen eh sie Realität werden. Das sind Ihre 60 Sekunden. Nehmen Sie das Pferd. Reden Sie beruhigend auf es ein und gehen Sie ohne Umwege, ohne lärmende Helfer oder Zuschauer zu dem Pferdeanhänger. Stocken Sie nicht. Das Pferd wird ganz sicher ohne Angst und Panik den Hänger betreten.
- Bleiben Sie noch 2-3 Minuten bei dem Pferd und reden Sie mit ihm in einem beruhigenden und sanften Ton.
- Verlassen Sie wieder den Pferdeanhänger und belohnen das Pferd mit einem Leckerli.

Sollte es dennoch Probleme geben. Zweifeln Sie nicht an sich
oder ihrer Arbeit. Überdenken Sie alles erneut. Waren Sie evtl. doch nicht konzentriert oder durch eigenen Stress belastet?

Wiederholen Sie die Sitzungen noch einige Male. Der Erfolg stellt sich sicher ein. In hartnäckigen Fällen können Sie gerne über mein Kontaktformular Ihre Fragen an mich stellen.

Den gleichen Sitzungsverlauf können Sie anwenden, wenn Ihr Pferd den Stall wechseln soll, um ihm den Stress etwas zu nehmen.

Egal aus welchem der beiden Gründe Sie die Behandlung vornehmen, achten Sie genau auf die Reaktion des Pferdes vor, nach und während der Sitzung.

Manchmal lässt sich bereits jetzt erkennen ob, und wie das Tier die Sitzung, also das Sweaping und Energetisieren annimmt und umsetzt.

Sollten Sie sich dazu entschließen mit einer Frage oder einem Problem an mich heran treten zu wollen, schicken Sie bitte folgende Informationen:

- Alter und Gewicht des Pferdes
- Beschreibung seiner Reaktionen
- Beschreibung des Verladevorgangs bisher
- Ihren Behandlungsplan

Stärken des Immunsystems durch Prophylaxe

Dieses Kapitel und das darauf folgende greifen fast Hand in Hand ineinander und stellen eine wichtige Grundlage für das Wohlbefinden ihres Tieres dar.

Dieses Kapitel möchte Ihnen zwar einen Sitzungsplan aufzeigen, wie Sie das Immunsystem ihres Tieres verbessern und stärken können, doch besonders möchte es Ihnen einmal aufzeigen, woran es dem Immunsystem mangelt und wie Sie bereits vorbeugend eingreifen können. Nur wenn man sich der Ursachen bewusst ist, kann man notfalls auch mal variieren und hat immer neue Ansatzpunkte.
Dazu muss ich etwas weiter ausholen. Da die Arbeit mit Prana unter die ganzheitlichen Behandlungsmethoden fällt, also die Betrachtung von Körper und Geist, müssen wir auch im Bezug auf das Immunsystem den Geist miteinbeziehen.

Schon in den uralten Heilwissen der Tibeter wird z.Bsp. die Entstehung des Krebses sinngemäß folgendermaßen erklärt.

Ursprung ist die energetische Schwächung des Körpers. Der schützende Energiekörper der uns umgibt wird angegriffen und zerstört. Die Folge hiervon ist eine Abtrennung der betroffenen Organe von unserem Lebensstrom.

Somit kann man schlussfolgern, dass alle chronischen Krankheiten durch eine anhaltende und bereits länger- währende Energieblockade entstehen. Hinzu gesellen sich meist auch noch Gefühlsblockaden, die fest verwurzelt sind.

Ein oft angesprochenes und weltweit heiß diskutiertes Erscheinungsbild, das Headchaking, auf das ich später noch zu sprechen komme, wurzelt in einer solchen Energie-Blockade. (Was die Schulmediziner nicht gerne hören. Taubheit kann auch ein Segen sein)

Wenn sich der Energiefluss im Körper und die Versorgung mit Prana der Chakren unter sich zu blockieren brginnt. Wenn die Chakren beginnen sich zu hemmen und die Gesundheitsaura langsam aber sicher in Mitleidenschaft gezogen wird, sollte man schleunigst handeln.

Jede Verzögerung ist fehl am Platz. Das Ignorieren einer solchen Energieblockade auf lange Zeit kann verheerende Folgen haben. Viele Lahmheitserkrankungen, wie Spondylose, finden hierin ihren Ursprung.

Erschwerend kommt oft hinzu, dass wir Menschen leider allzu oft dazu neigen anzunehmen, Tiere hätten keine Gefühle, was einem fatalen Irrtum gleich kommt. Sollten Sie diese Meinung teilen, haben Sie sich in der Wahl dieses Buches vergriffen und sind, meiner Meinung nach, auch keineswegs geeignet eine Tierbehandlung im Sinne der „Ganzheitlichen Behandlung„ vorzunehmen. Die Tiere spüren ihre Skepsis was den Heilungsprozess verhindert oder zumindest verzögert.

Doch wo ist die Ursache letztendlich verborgen ? Wo setze ich an ?

Um diese Fragen zu beantworten müssen wir uns vor Augen halten welchem Chakra welche Bedeutung zukommt. Wo beginnt der Energiefluss ? Wie und Wo entsteht die Grund-Versorgung mit Prana?

Ich neige in diesem Zusammenhang dazu die Stärkung des Immunsystem mit der Energieprophylaxe zu beginnen. Dort wo von Anfang an vorbeugend und verantwortungsvoll mit dem Tier gearbeitet wird sind später eher selten Komplikationen zu erwarten. Ihren Kindern sagen Sie sicher mit der Ankunft der ersten Zähnchens, dass es sich die Zähne putzen muss. Gesunde Milchzähne bilden die Grundlage für unseren späteren zweiten Zähne und ersparen uns wahrscheinlich die dritten Zähne bis ins sehr hohe Alter.

Wenn wir uns nun anschauen wo und in welchem Chakra sich welche Leiden manifestieren können wird es ganz wie von selbst klar wie wir vorgehen müssen:

Lassen Sie uns die offenen Fragen der Reihe nach durchgehen.

Doch wo ist die Ursache letztendlich verborgen ?
Es beginnt bereits, wenn das junge Tier, egal welcher Art und Rasse, zu früh der Mutter entnommen wird. Bereits hier können die ersten Verunreinigungen entstehen. Wenn dann das traurige Miefern vom neuen Herrchen auch noch mit Schimpfe und Groll, statt mit liebevoller Zuwendung, quittiert wird, beginnt bereits der Krankheitsverlauf. In welche Richtung er sich

letztendlich dreht wird dann der weitere Lebensverlauf zeigen. Doch die Saat ist gesetzt.

Wo setze ich an ?
Selbst wenn das Tier noch klein, jung und verspielt erscheint. Es nimmt schon sehr genau ihre Gefühlsstimmung wahr und spürt ob Sie es lieben oder ob es nur als Spielzeug für die Kinder unter den Weihnachtsbaum gelegt wurde. Eine Tendenz die leider immer stärker zunimmt und zu beginn der Sommerferien und Reisezeit eine Flut von Tierleiden auslöst.
Sobald das junge Tier zu Ihnen kommt können Sie es regelmäßig scannen um für das Tier, seine Gesundheitsaura und seine Chakrenausprägung ein Gefühl zu bekommen. Ein allgemeines Sweaping von Beginn an, 2-3 mal die Woche, sollte schon bewirken dem Tier eine vertrautes Verhältnis zu Ihnen und ihrer Energie aufzubauen. Bitte bedenken Sie, dass ich alles auf den energetischen Bereich beziehe. Ihre Liebe zu dem Tier möchte ich nicht in Frage stellen. Niemals.
Wo beginnt der Energiefluss und Wo entsteht die Grund-Versorgung mit Prana?

Tiere nehmen ebenso wie wir Menschen 3 Sorten von Prana auf natürlichem Wege auf:

Sonnenprana	Durch den Aufenthalt im Freien wenn die Sonne scheint
Luft-Prana	Durch das Atmen
Erd-Prana	Durch den Bodenkontakt

Wenn nun bei dem Lebewesen (Mensch / Tier) alles in bester Ordnung ist, also keine Schädigung oder Verunreinigung der Gesundheitsaura vorliegt, kein Chakra eine Energieblockade ausweist und alle Organe ihre Arbeit richtig vollziehen, wird das so aufgenommen Prana an alle Schaltzentralen verteilt und weitergeleitet. Doch wie sieht es aus wenn eine dieser Voraussetzungen nicht erfüllt sind.

Beginnen wir mit dem Tier in jungen Jahren. Was wollen wir ? Natürlich einen gesunden Knochenbau. Hierfür verantwortlich ist das Wurzelchakra. Wenn wir also dem Welpen von Beginn an 1-2 mal wöchentlich das Wurzelchakra sorgfältig reinigen bedarf es nicht einmal einer Energetisierung um das Wachstum zu verbessern. Selbstverständlich schadet es nicht wenn Sie hier etwas frisches Pranas, sofern sie beim Scanning etwas wie Veränderung spüren, nachfüllen.
Was wäre noch wünschenswert? Natürlich. Die Verdauung. Keine gesunder Muskelaufbau ohne gesunde Verdauung. Schauen wir also wieder nach, welches Chakra die Verdauung unterstützt und fördert. Richtig. Solarplexuschakra und Nabelchakra. Wenn Sie also die ersten Anzeichen einer unregelmäßigen Verdauung feststellen. Sei es durch Beobachtung des Stuhlgangs (Konsistenz, Farbe, Menge) oder durch die Zeitabstände. Pausen von mehr als 2 Tagen sollten bereits die Alarmglocken läuten lassen. Besonders bei Nahrungsumstellung von Welpenfutter auf Normalfutter heißt es Augen aufhalten.
Bei Pferden ist es üblich Äpfel zu verfüttern, wovon ich von Fall zu Fall abraten möchte. In Äpfeln steckt

häufig eine überhöhte Menge an Acetylsalicyl Säure, die den Magen stark reizt. Auch sagt die Farbe des Stuhles einiges aus bei Pferden. Wenn der Dünndarm die Trennung von Flüssigkeit, die durch Magen und Milz erfolgen, in reine und unreine Teilchen nicht richtig durchführt und der Transport zur Weiterverwertung bzw. Ausscheidung gestört ist, kommt es zu Durchfall und in extremen Fällen zu den, für das Pferd absolut nervigen Sommerekzemen.

Jedoch ungeachtet welches Tier diese Art von Störung zeigt sollte man die betreffenden Chakren durch ein sorgfältiges örtliches Sweaping reinigen und danach frisch energetisieren.

Grundsätzlich sollte folgende kleine Sitzung stattfinden:

- gründliches allgemeines Sweaping (sollte der Beginn einer jeden Sitzung sein)
- örtliches Sweaping von Milzchakra mit HWG mit anschließendem Energetisieren mit HWG, HWB und HWV für jeweils
  - 1-2 AZ für eine Katze
  - 2-4 AZ für einen Hund je nach Gewicht und Körpergröße
  - 6-8 AZ für ein Pferd
- örtliches Sweaping von Solarplexuschakra mit HWG, HWO mit anschließendem Energetisieren mit HWG, HWB und HWV für jeweils
  - 1-2 AZ für eine Katze
  - 2-4 AZ für einen Hund je nach Gewicht und Körpergröße
  - 6-8 AZ für ein Pferd

- örtliches Sweaping von Nabelchakra mit HWG, HWO mit anschließendem Energetisieren mit HWG, HWB und HWV für jeweils
  - 1-2 AZ für eine Katze
  - 2-4 AZ für einen Hund je nach Gewicht und Körpergröße
  - 6-8 AZ für ein Pferd

Stabilisieren Sie das frische Prana mit HWB und trennen Sie sich ab. Diese beiden letzten Schritte sollten immer das Ende einer Sitzung sein, so wie das allgemeine Sweaping den Anfang darstellt.
Die Angaben über Anzahl der AZ (Atemzyklen) ist jedoch nur eine Empfehlung. In scheren Fällen können Sie ruhig länger und in leichten Fällen oder vorbeugend auch mal weniger
energetisieren.
Und was uns noch wichtig ist, klar. Natürlich das allgemeine Wohlbefinden unseres Tieres.
Hierfür empfehle ich folgende kleine, aber feine Sitzung die Sie nach eigenem Ermessen jeweils dann durchführen können wenn Sie das Gefühl beschleicht ihr Liebling wäre unausgeglichen, nervös oder einfach anders als sonst. Führen Sie 2-3 mal das allgemeine Sweaping durch. Nehmen Sie ein örtliches Sweaping an allen Chakren vor normalem weißlichem Prana. Energetisieren Sie das Wurzelchakra und das Solarpelxuschakra mit HWG, HWB und HWV in der angemessenen Anzahl an AZ. Energetisieren Sie das Kronenchakra für die gleiche Anzahl an AZ mit HWV. Stabilisieren Sie mit HWB und trennen Sie sich ab.
Alleine diese Sitzung wird ihrem Tier bereits gut tun, da der Energiefluss vorangetrieben wird.

Energiehygiene

Das Thema Energiehygiene betrifft 2 große Aspekte.
Zum Einen den Energiehaushalt des Anwenders und zum Anderen die des Klienten.
Dabei müssen wie uns vor Augen halten wie es zu Energieblockaden und eine Verschmutzung der Gesundheitsaura kommt.
Jeden Tag haben wir mehr oder weniger Kontakt zu Mitmenschen, die uns nicht immer offen und ehrlich entgegentreten. Nein. Es ist eher der Fall, dass man zu-nehmend bemerkt, dass immer mehr Menschen die Ellbogentechnik einsetzen um ihre eigenen Interesse und Wünsche voranzutreiben. Diese negativen Emotionen bleiben an uns haften und verschmutzen Tag für Tag ein wenig mehr unsere Aura bis hin zu Energieblockaden in allen Chakren. Besonders die negativen Emotionen machen uns zu schaffen und lagern sich im Solaplexuschakra ab.
Welche Funktion das Solarplexuschakra hat wissen Sie ja an dieser Stelle bereits und können sich die Folgen schon selbst ausmalen.
Doch welche Ereignisse lassen die Gesundheitsaura unsere Lieben verunreinigen?
Da gibt es viele Dinge und ich möchte einige jeweils im Zusammenhang mit der jeweiligen Tierart nennen.
Keinesfalls stellt diese Tabelle den Anspruch der Vollständigkeit. Sie könnten diese Tabelle sicher leicht erweitern.

Tierart	Quelle der Verunreinigung
Pferd	Lärm; Schlecht gelaunter Reiter;

	aggressive Stallgefährten; Jucken durch Sommerekzem (Nervosität), Einengung des Lebensraumes
Hund	Schlecht gelauntes Herrchen; der Nachbarshund; des Nachbarn Katze; unsinnige Kommandos des Herrchen; der Staubsauger
Katze	Der Hund des Nachbarn; ungewohnte Geräusche; das Herrchen; unbefriedigter Jagdinstinkt; der Staubsauger
Kuh	Anbringen der Melkmaschine; Herdentrieb über befahrene Straßen (heute leider immer öfter ein Problem)
Hamster,Mäuse	Die Katze vor dem Käfig;

Einige Tieren vertragen den Lärm eines Staubsaugers total gut und sehen es total gelassen. Für andere jedoch kann dieses Geräusch eine starke Belastung sein. So wie es Menschen gibt die emotional gefestigt sind gibt es solche Exemplare auch in der Tierwelt.

Um ihrem Liebling also optimale Hilfe zukommen zu lassen, achten Sie auf ihre Energiehygiene.

Schimpfen Sie nicht unnötig mit dem Tier. Wenn Sie mit ihm Gassi gehen, achten Sie darauf, dass Sie nicht verärgert oder noch schlimmer mit Hassgefühlen beladen sind. Oft kommt man von der Arbeit nach Hause. Der Chef hat mal wieder einen Anderen für ihre Verdienste gelobt. Sie wurden zum 3. mal bei der Beförderung übergangen... Sie kommen nach Hause und wollen nur noch an der frischen Luft abschalten. Mit ihrem treuen Freund Gassi gehen. Doch oh weh. Was muss der arme Kerl sich keine 100 Meter vom Haus entfernt bereits anhören. „Dieser unqualifizierte Heini ...“ usw.

Ich denke ich brauche hier keine weiteren Beispiele aufzuführen und Sie wissen schon was ich meine.

Tun Sie das bitte ihrem Tier nicht an. Tiere sind sehr feinfühlig und spüren ihren Groll. Ihre Angst oder Verzweiflung.

Wenn Sie nach Hause kommen und hegen Groll weil der Tag nicht der Ihre war nehmen Sie ein allgemeines Sweaping bei sich selbst vor. Nehmen Sie ein örtliches SW an ihrem vorderen und hinteren Solarplexuschakra vor und reinigen und befreien Sie sich von dieser unreinen und negativen Energie. Rufen Sie ihren Hund zu sich und nehmen Sie diese kleine Hygienesitzung auch an ihm vor. Danach können Sie ihren Spaziergang beide genießen und können unbelastet mit ihrem Kameraden über die Pflanzenwelt oder den neusten Modetrend philosophieren.

Das Ganze kostet Sie vielleicht 10 Minuten. Zeit die Ihnen und ihrem Hund gut tun wird und ihre Bindung zueinander noch verstärkt.

Hinweis !

Wenn ich anfangs hier nur vom Herrchen rede bedeutet dies automatisch dass ich selbstverständlich Herrchen und/oder Frauchen meine. Es soll nicht der Eindruck entstehen die Herrchen wären an allem Schuld. Dies nur zur Erklärung.

Es soll auch Frauchen geben deren Emotionen überkochen.

Psychische und Psychosomatische Probleme

Obwohl die Forschung in der Tiermedizin sehr weit voran geschritten ist und die Anamnese mittels modernster Methoden immer besser und ausgefeilter wird gibt es dennoch eine Lücke zu schließen.

Tierheilung basiert nicht alleine auf der Theorie man müsse gegen jedes Leiden ein Mittelchen verabreichen. Es muss auch nicht immer zum Skalpell gegriffen werden. Vielmehr sollte die moderne Tiermedizin das Tier als Ganzes sehen. Als Einheit von Geist und Körper betrachten. Doch leider fehlt es hier einigen, selbst hoch dotierten Fach-Veterinären am nötigen Horizont. Wer iss der Kerl ? Wer bin ich dass ich mich erdreiste solche Zeilen zu schreiben? Ich bin Ich. Ein Tierfreund. Ein Pranaanwender. Ein Mensch, der versucht auch mal ohne Augen zu sehen. Ohne Ohren zu hören. Das Leid zu fühlen und zu verstehen.

Es gibt, wenn man sich längere Zeit mit der ganzheitlichen Medizin beschäftigt, unabhängig ob es sich um Mensch oder Tier handelt, zum Glück auch Vordenker. Leute die über den Tellerrand hinaussehen und erkennen und erkannt haben, dass vieles Leiden sich in der Aura, den Meridianen und Chakren der Tiere manifestiert und sich dort bereits die ersten Anzeichen einer drohenden Erkrankung zeigen und zwar lange bevor sie zum Ausbruch kommt.

Doch es sind zu wenige. Für diejenigen, die sich, wie ich, ohne Studium sondern aus dem Wunsch heraus den Tieren zu helfen, mit dieser Materie beschäftigen, möchte ich einige Gedanken aufzeigen deren Ursprung Tausende Jahre zurückliegt. Bereits alte indianische Heiler, Schamanen und die Tibeter wussten um Dinge, denen wir heute mühsam hinterherhinken. Muss das sein ?

Lassen Sie mich an einem Beispiel aufzeigen wie weit die Kluft, die Ansätze eines möglichen Lösungsweges auseinander liegen können. Wie weit die Kluft zwischen herkömmlicher Tiermedizin und ganzheitlichem Ansatz reicht.

Machen Sie sich einmal die Mühe und versuchen Sie im Internet Informationen über Headshaking zu finden. Alles was Sie finden werden sind hochtrabende, und absolut wissenschaftlich korrekt formulierte Berichte wie man ihrem Tier nicht helfen kann. Alle diese Berichte haben ihren sachlichen Hintergrund, wenn ich das Tier nur als anatomisches Wesen betrachte und die emotionalen, psychologischen und energetischen Aspekte außer Acht lasse.

Sie werden jedoch keine Seite finden, die auch nur ansatzweise in Betracht zieht, es könnte da noch etwas anderes geben. Im Gegenteil. Solange noch von einigen angezweifelt wird dass Tiere über eine Gefühlswelt verfügen, solange werden Tiermediziner im Dunkeln tappen und umherirren. Werden teure klinische Tests anordnen um Medikamente zu entwickeln, die wiederum nur den Sinn erfüllen die Forschungsgelder zu rechtfertigen und den Gewinn zu maximieren. Leider auf Kosten der Tiere denen man doch manchmal so einfach helfen könnte. Doch mancher Orts hört man die Devise erklingen. „Was nichts kostet, taugt nichts".

Vielleicht hätte ich den Preis des Buches höher ansetzen sollen. :-)

Doch bevor wir zum Thema Headshaking wechseln, wozu es einiges zu sagen gibt, eine kurze Begriffserklärung.

Begriffserklärung :
Mit psychosomatischen Erkrankungen sind Störungen gemeint, die mit körperlichen Symptomen einhergehen, wobei psychische Einflüsse als mögliche Ursache mit in Betracht gezogen werden müssen.
Handelt es sich also um eine solche Erkrankung ist Fingerspitzengefühl gefragt.

Man sollte, egal welche Seite man vertritt, immer fair und sachlich bleiben, was ich auch möchte. Wir finden zum Thema Headchaking wissenschaftliche Ansätze und Entdeckungen, in denen für uns Energieanwender ein großes Potential steckt.
So wird z. Bsp. auch einmal in Erwägung gezogen, dass Stress ein Auslöser sein könnte. Kalifornische Wissenschaftler geben einer Überempfindlichkeit gegenüber grellem Licht einen Teil der Schuld. Es werden Lichtmasken angepriesen, teure natürlich. Das Forschen soll sich ja lohnen. Doch in einem sind sich alle einig. In fast 90% aller Fälle ist die Ursache unbekannt und eine Heilung unwahrscheinlich. Stimmt das so oder sollte man nur die Ursache und den Lösungsweg neu überdenken? Betrachten wir einmal alle Pferde, die an Headchaking leiden und durchleuchten ihr Umfeld. Denn nicht nur Headchaking, nein, auch das so unbeliebte und nervige Sommerekzem fallen meiner Meinung nach in die Kategorie psychosomatischer Pferdeleiden.

Schauen wir uns beide endlich mal genauer an in dem wir Symptome, Auswirkunken, die betroffenen Chakren und einen möglichen Lösungsansatz aufzeigen.

Headchaking

Symptome :
- ruckartige Rückwärtsbewegungen des Kopfes ohne jegliches vorhersehbares Anzeichen
- Vermehrtes Schnauben
- Zittern der Gesichtsmuskeln

Auswirkungen :
- Gefahr für Tier und Reiter
- Je nach Stärke und Häufigkeit kein Beritt mehr möglich
- Mehrkosten für Anamnese und Behandlung

Die betroffenen Chakren: (energetischer Betrachtung)
- Blasenchakra
- Blasennebenchakra
- Kiefernebenchakra
- Solarplexuschakra
- Nasennebenchakren

Lösungsansatz: (kein Sitzungsvorschlag)
- Fernhalten von Stress
- Allgemeines Sweaping so oft sich die Zeit bietet
- Reinigen der betroffenen Chakren und der betroffenen Organe
- Energetisieren der betroffenen Chakren und der betroffenen Organe
- Energiehygiene

Erstellen Sie sich bei Bedarf einen Sitzungsplan.

Ich bin sicher, Sie werden das Richtige und vor allem das Beste für ihr Pferd tun. Wechseln wir zu dem nächsten, oben erwähnten Thema.

Sommerekzem
Symptome :
- kahl geschubberte bis wunde Stellen
- Juckreiz (den das Tier durch andrücken an Bäume und Zäune zu vermindern versucht)

Auswirkungen :
- Verlust der Lebensqualität
- Ausreiten unmöglich
- Mehrkosten für Anamnese und Behandlung

Die betroffenen Chakren: (energetischer Betrachtung)
- Solarplexuschakra
- Sexualchakra
- Dickdarm
- Milzchakra
- Nabelchakra

Lösungsansatz: (kein Sitzungsvorschlag)
- Fernhalten von Stress
- Allgemeines Sweaping so oft sich die Zeit bietet
- Reinigen der betroffenen Chakren und der betroffenen Organe
- Energetisieren der betroffenen Chakren und der betroffenen Organe
- Energiehygiene

Erstellen Sie sich bei Bedarf einen Sitzungsplan. Ich bin sicher, Sie werden das Beste für ihr Pferd tun.
In diesem Fall möchte ich Ihnen jedoch unbedingt folgendes anraten: sollte ihr Pferd die letzten Jahre an einem Sommerekzem gelitten haben, beginnen Sie

mit der Behandlung, sprich der erstens Sitzung, bereits gegen Ende November als Prophylaxe.

Manchmal versuche ich mich in den Kopf eines durchschnittlichen Pferdbesitzers zu versetzen. Unabgesehen von der Krankheit. Wie geht er vor. Zuerst wird der Tierarzt bestellt. Das ist oft absolut dringend und unbedingt notwendig und wird von mir auch nicht in Frage gestellt. Im Gegenteil, ich bin für eine Zusammenarbeit. Mit Energiearbeit kann man auch unterstützend helfen wie der Fall Fidla zeigt.

Oft wird jedoch bei Symptomen, die man nicht einordnen kann, viel Geld verschwendet für teure Untersuchungen und unnötige Medikamente, um am Ende gesagt zu bekommen, dass leider nichts zu finden sei. Oder die Kosten steigen dermaßen an, dass man eventuell doch mal vielleicht in Erwägung zieht einen Energieanwender „sein Glück" versuchen zu lassen. Warum wird, wie im Falle des Headchakings und des Sommerekzemes, nicht im Vorfeld mal wenigstens die Meinung eines versierten Pranaanwenders eingeholt? Können Sie mir das beantworten ?

Wenn, wie ich vermute in den 90% aller Fälle in denen die Schulmediziner keine Ursache entdecken können, eine Pranasitzung für ein Drittel dieser Fälle Linderung und Besserung verschaffen könnte, denke ich, wäre das ein Riesenerfolg den man nicht nur, weil kein Standard, unbeachtet lassen darf. Im Sinne des Tieres darf ich das Thema „Ganzheitliches Heilen" nicht verdrängen. Ich würde, wenn Sie sich vermehrt mit solchen Krankheitsbildern beschäftigen den Besuch des Seminars „Prana Psychotherapie", für den jedoch Prana I & II Voraussetzung sind, ans Herz legen.

Fernbehandlungen

Das Thema Fernbehandlungen wollte ich zu Anfang ganz auslassen, da es überall wo man hinkommt sehr konträr diskutiert wird. Auf der einen Seite viele Energieanwender, egal ob aus dem Reikilager oder ob sie mit Prana arbeiten, die entweder nicht damit zurande kommen, aus welchen Gründen auch immer und aus diesem Grunde die Fernbehandlung für einen Irrwitz bezeichnen, oder die zu ihrer Arbeit nicht stehen, weil sie Angst haben, von der Gesellschaft als verrückt erklärt zu werden. Wobei in dem fehlenden Vertrauen zu ihrer Arbeit mit Energie wohl auch der Grund für das nicht Funktionieren zu suchen ist. Auf der anderen Seite viele Klienten die es nicht für möglich halten von jemand anderem Energie über Kilometer hinweg zu erhalten. Zumal es bisher noch keinen wissenschaftlichen Beweis dafür gibt. Eine Lobby, die sich für die Bereitstellung von Forschungsgeldern einsetzt gibt es leider nicht.

Wenn Sie einen Menschen fragen, ob er an einer Fernsitzung interessiert sei, weil Sie ihm helfen wollen bekommen Sie meist verhohlene Blicke oder die Frage gestellt ob Sie zum Frühstück einen „Clown" im Müsli hatten. Der unbedarfte Laie, der noch nie etwas gleichartiges gehört hat, kommt sich veralbert vor. Und dies manchmal auch nicht ganz zu unecht.

Doch das Thema der falschen Hoffnungen die erweckt werden und unrealistischen Versprechungen habe ich bereits angesprochen.

Tiere sind da ganz anders. Sie wissen nichts von diesen Beweisen, die wir Energieanwender angeblich noch schuldig sind. Sie können frei von Vorurteilen und noch Naturverbunden sein. Wenn ich Ihnen jetzt sage dass Sie das Tier zwar auch fragen, jedoch dieser Vorgang auf einer anderen Ebene statt findet, werden Sie vielleicht denken "So das war's. Ich klappe das Buch zu." Tun Sie es bitte nicht! Glauben Sie mir einfach einmal, wenn ich eine solche Aussage treffe.

Es gibt mittlerweile über 100 qualifizierte Institute, die sich mit der Kommunikation zwischen Mensch und Tier beschäftigen und dieses Wissen auch in Seminaren unterrichten.
Indem Sie vor der Sitzung um Hilfe und Beistand bitten und dabei den Namen des Tieres nennen, nehmen Sie Kontakt mit dem Tier auf. Erwarten Sie erstmal keine Antwort. Davon sind Sie sicher noch ein Stück weit entfernt.
Diese Kenntnisse soll dieses Buch auch nicht vermitteln.
Der Grundgedanke der Fernbehandlung basiert auf der Annahme, welche nicht von mir stammt, dass alle Lebewesen dieses Planeten durch die kosmische Energie miteinander verbunden sind. Tiere nehmen bereits kleinste Veränderungen der Luftpartikel wahr. Spüren das feinste Beben der Erde und registrieren jede, für uns Menschen unwichtig erscheinende, Änderung ihrer Umwelt.

Doch wie soll das funktionieren ?
Nehmen wir z. Bsp. Eineiige Zwillinge. Ihnen wird eine mystische Verbindung angedichtet. Den Geschichten

von einem Zwilling der sich an einem Küchenmesser verletzt und dessen Pendant diesen Schmerz über hunderte von Kilometern, ja sogar über Kontinente hinweg spüren kann, wird gerne geglaubt. Schon die Alten früher erzählten sie und deren Worte anzweifeln mag niemand.

Nehmen wir diese Geschichten als wahr an, so bestätigt diese, dass eine Verbindung durch die Atmosphäre möglich ist.

Wie wird eine solche Verbindung aufgebaut ? Welche Voraus-setzungen müssen geschaffen werden oder erfüllt sein ?

Die Vorgehensweisen unterscheiden sich hier jeweils von der Art der Energiearbeit die man anwendet. Da sich dieses Buch ausschließlich mit Pranasitzungen beschäftigt, werde ich hier auch nur die Fernsitzung mit Prana und auch nur am Tier, erklären, obwohl ich im Übungsteil den Mensch als Partner vorschlage. Die Gründe hierfür werde ich noch offen legen.

Keinesfalls möchte ich hier eine verbindliche Anleitung geben, sondern Ihnen meine Arbeitsweise anhand meiner zahlreichen Erfahrungen an einigen Beispielen aufzeigen.

Einige Tierhalter haben sich sogar bereit erklärt, dass ich ihre Namen erwähne und die Tiere abbilden darf. Danke an dieser Stelle an Hr. Norbert Bandholz aus R., der mir erlaubte seinen Dackel Arthur energetisch zu versorgen sowie Fr. Monika Knie aus K., die mir ihren Kater Moses, wie bereits in einem vorangegangenen Kapitel erwähnt, anvertraut hat.

Ich für meinen Teil benötige für den ersten Kontakt zu dem Klienten ein möglichst aktuelles Bild und den Namen des Tieres. Um gezielt Arbeiten zu können sind einige Worte über das Leiden des Tieren vom Tierhalter sehr hilfreich, jedoch nicht unbedingt erforderlich.

Mein erster kleiner Klient für eine Fernsitzung war Arthur der Rauhhaardackel. Ich ließ mir ein Bild per Mail schicken und dazu die Telefonnummer zur Kontaktaufnahme mit dem Herrchen.
Ich stellte mir eine Schüssel mit Salzwasser bereit. Durch das Bild, dass ich vor mir hatte war ich im Stande mir eine Kopie von Arti in verkleinertem Format vor mir zu visualisieren.
Durch diese Visualisierung ist es als hätten Sie ihren Klienten vor sich. Doch bei diesem ersten Versuch war es mir nicht möglich etwas zu spüren. Woran lag es ?
Das Bild von Arti, das ich ansah war nicht OK. Auf dem Bild schien es als würden sich 2 Hunde auf dem Bild befinden, was nicht so abwegig erschien. Aus dem Telefonat mit Hr. Bandholz wusste ich, dass er 2 Dackel besaß. Arti hatte eine Lebensgefährtin.
Ich rief bei Hr. Bandholz an und fragte nach. Er versicherte mir dass es sich auf dem Bild lediglich um einen Schatten, also um eine Irreführung handelte. Ich versuchte den Scanvorgang erneut. Diesmal jedoch ohne das Bild verkniffen anzustarren. Ich warf einen Blick auf das Bild und baute mir in Gedanken ein 3D Bild, direkt vor meinen Füßen auf. Ich formulierte liebevoll meine Absicht Arti zu scannen und war erstaunt.

Ich möchte an dieser Stelle bewusst einen Break einbauen und Ihnen 2 Übungen aufzeigen, mit denen Sie einmal versuchen können nachzuvollziehen was es bedeutet eine Fernsitzung abzuhalten. Wenn Sie die ersten Übungen aus den vorangegangenen Kapiteln absolviert haben, sind Sie ja vielleicht bereits in der Lage zu Scannen und wissen oder haben am eigenen Leib erfahren dass es nicht auf Anhieb klappt.

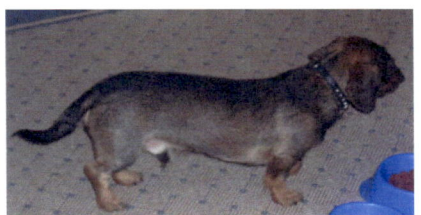

Nach den folgenden Übungen werden Sie meine Erzählung über den weiteren Verlauf der Energiesitzung mit Arti besser verfolgen und sich ein besseres Bild machen können.

Suchen Sie sich für ihre Übungen jemanden zu dem Sie Vertrauen haben. Einzige Voraussetzung die er erfüllen sollte, er sollte dem Thema offen gegenüber stehen.

Wenn Sie sich einen Skeptiker als Helfer aussuchen, könnte sich dies negativ auswirken. Seine innere Skepsis würde ein Durchdringen ihrerseits wahrscheinlich verhindern. Obwohl es sich in diesem Buch um das Thema „Tiere" handelt, ist es für diese

Versuche sehr hilfreich, wenn Sie auf Fragen die sie haben auch Antworten bekommen. „Hast Du etwas gespürt ?" „Was hast du gespürt?" Solche und andere Fragen können Sie ihrem Übungsgehilfen stellen und durch die Antworten eine gewisse Sicherheit im Umgang mit Fernsitzungen bekommen.

Übung 1) Scannen der Aura

Für diese Übung sollten Sie jemand Vertrautes um Mithilfe bitten. Eine Person, die ihre Arbeit nicht als Spinnerei abtut. Jemand der Ihnen offen und ehrlich zur Seite steht. Bitte Sie diese Person in einem anderen Raum der Wohnung Platz zu nehmen. Anfangs hilft es, wenn Sie genau wissen, wo er Platz nimmt. Das Visualisieren fällt einem dadurch wesentlich leichter. Wenn ihre Übungsperson Platz genommen hat verlassen Sie den Raum und gehen Sie zurück in einen Raum in dem Sie jetzt ungestört sind. Schalten Sie alle Störquellen ab. Sind   Radio, Telefon und Handy aus ? Fein so.
Wenn Sie die vorangegangenen Übungen sorgfältig gemacht haben wissen Sie ja vielleicht schon wie sich eine Aura anfühlt.
Aktivieren Sie ihre Handchakren durch einen Druck der Daumen der einen Hand: jeweils für ca. 10 Sekunden in die Handinnenfläche der anderen Hand.
Legen Sie die Zunge an den Gaumen und Atmen Sie 3-4 Minuten mal Pranayama. Wenn Sie können empfehle ich die 6-1-6-1 Atmung. Aber bitte nur solange Sie es wirklich gut vertragen. Konzentrieren Sie sich. Visualisieren Sie ihre Übungsperson als stünde Sie ca. 30-40 cm groß vor ihnen. Ja richtig. Stellen Sie sich

eine verkleinerte Kopie der Person vor und nun scannen Sie die Aura. Formulieren Sie liebevoll die Absicht die Aura zu fühlen. Spüren Sie was ?
Versuchen Sie nicht mit Gewalt etwas zu spüren. Es kommt wie es kommen soll. Visualisieren Sie wie Sie einen Schritt nach hinten gehen um erneut zu scannen. Vielleicht ist die Aura ihres Helfers umfangreicher als man es auf Anhieb vermuten kann. Wenn Sie nach 3-4 Versuchen nichts spüren machen Sie eine Pause. Versuchen Sie nicht es zu erzwingen.

Reden Sie mit ihrem Helfer. Manchmal ist es so, dass, obwohl Sie selbst nichts spüren der andere sehr wohl das Gefühl einer sanften Berührung, ein Kribbeln oder Ähnliches gespürt hat. Reden Sie offen mit ihm und nehmen Sie jede Empfindung ernst die er Ihnen schildert.

Übung 2) Scannen der Chakren

Bitten Sie ihren Helfer dieses Mal wieder in den Nebenraum. Bitten Sie ihn sich an schöne Erlebnisse zu erinnern. Eine Begebenheit aus seiner Kindheit. Egal woran er denkt. Es sollten Glücksgefühle sein die er dadurch auslöst. Sein Herzchakra wird sich durch diese friedvollen Gedanken öffnen und weiten. Sensibilisieren Sie erneut ihre Hände. Aus der ersten Übung wissen Sie noch genau wo er ist und können es sich noch bildlich vorstellen. Versuchen Sie sich die Person zu visualisieren. Formulieren Sie liebevoll ihre Absicht sein Herzchakra zu scannen. Führen Sie hierbei die Scanbewe-gung aus, jedoch auf die vor ihnen stehende Miniausgabe hin ausgerichtet. Bleiben

Sie trotz aller Konzentration offen. Richten Sie ihre Konzentration gleichermaßen auf ihre Handinnenflächen und deren Reaktion und auf die Visualisierung. Setzen Sie nicht zu stark ihren Willen ein etwas spüren zu „müssen". Das ist keinesfalls wahr. Wenn Sie etwas spüren, ist das sehr schön, aber es muss nicht sein. Üben Sie ohne Zwang.

Wenn Sie etwas gespürt haben, versuchen Sie sich das Gespürte zu verinnerlichen. Es ist ganz wichtig sich dieses Gefühl einzuprägen, wie der nächste Versuch zeigen wird. Gehen Sie zu ihrem Trainingspartner im Nebenzimmer. Sagen Sie jedoch noch nichts. Bitten Sie ihn jetzt an etwas zu denken, was ihn absolut böse werden lässt. Überlassen Sie ihm das Thema, er weiß am besten was ihn aufregt. Durch diese negativen Gedanken wird sich sein Herzchakra zusammenziehen und sich energetisch verschmutzen. Gehen Sie zurück an ihre Ausgangsposition, sensibilisieren Sie erneut ihre Hände und scannen Sie jetzt, nach Formulierung ihrer Absicht, erneut das Herzchakra.

Probieren Sie es wie bereits erwähnt, ohne ihren Willen zu stark einzusetzen. Was fühlen Sie ? Was hat ihr Helfer gespürt? Wie unterscheidet sich das Gefühlte jetzt, von dem was Sie eben spürten ?
Mit diesen beiden Übungen können Sie schnell und sicher eine gewisse „Gefühlssicherheit" bekommen. Jedoch möchte ich noch mal betonen, dass Sie auch ohne das Scannen ihr Tier später energetisieren können und das ebenso wenn es vor ihnen liegt oder sich woanders aufhält.

Grundsatz. Seien Sie offen und ehrlich zu sich und Ihrem Gefühlten. Der Rest kommt ganz von alleine
Kommen wir zurück zu Arti dem Rauhaardackel. Wie gesagt konnte ich beim ersten Versuch ihn zu Scannen nichts spüren.
Ich war zu versessen, ja verblendet von dem Gedanken eine gefühlsmäßige Antwort zu erhalten. Beim zweiten Versuch war das viel entspannter. Ich konzentrierte mich zwar, aber nicht mehr und nicht weniger als zum Schuhe zubinden notwendig ist. Diesmal spürte ich deutlich seine Aura. Sie schien etwa 30-40 cm weit zu sein. Einen Vergleich ob dieser Wert gut war oder nicht, hatte ich zu diesem Zeitpunkt ja leider noch nicht. Ich nahm es einfach mal so hin und begann damit die Chakren des kleinen Dackels zu scannen. Dadurch, dass ich bis dato wenigstens schon Erfahrung mit der Behandlung von Hunden hatte und auch schon welche in der Größe gescannt hatte, konnte ich die Zustände der Chakren besser beurteilen.

- Das Wurzelchakra war für Artis Größe etwas zu klein und leicht blockiert wie mir schien
- Das Milzchakra war zwar von der Größe her absolut ok, jedoch sehr schwach und blockiert

Alle anderen Chakren erschienen mir unauffällig, weder was die Größe noch was den energetischen Zustand anbelangte.
Also erstellte ich einen ... Richtig. Ich arbeitete einen Behandlungsplan aus. Auch für Fernbehandlungen sollten Sie dies tun. Erstens damit Sie nicht „Frei Schnauze" arbeiten müssen und zweitens zur

Dokumentation, ohne die dieses Buch nie hätte entstehen können.

Von Artis Herrchen wusste ich, dass eine Entzündung am linken Ohr einfach nicht heilen wollte. Eitrige Kruste und Schorf hatten sich gebildet. Nun, Arti gehört zu den Hunden die zur Bestie werden wenn man an ihnen medizinische Handgriffe verrichten möchte. Daher kam die Idee einer Pranasitzung Hr. Bandholz sehr entgegen.

Nachdem ich nachgelesen hatte welche Chakren für welches Leiden im Zusammenhang stehen, hatte ich die Bestätigung meiner Scanergebnisse, wenigstens teilweise. Bei Entzündungen jeder Art weist das Milzchakra starke Blockaden auf, was hier der Fall war. Die Veränderungen am Wurzelchakra waren vermutlich eine Folge der länger anhaltenden Belastung des starken Juckreizes am Ohr.

Ich entschied mich für Folgende Behandlungstrategie:

- allgemeines Sweaping , und hier besonders langsam und sorgfältig (1 Sweaping Durchgang sollte 10-14 Sek. Andauern um auch etwas zu bewirken)
- Örtliches Sweaping des Ohres mit HWG, HWO
- Energetisieren des Ohres mit HWG, HWB und HWV für einen kurzen Atemzug (bei einem Erwachsenen Menschen hätte ich hier 3-4 Atemzüge genommen, die Dauer also auf Artis Größe und Gewicht angepasst)
- Örtliches Sweaping des Milzchakra mit HWG

- Energetisieren des Milzchakras mit HW Prana um hier der Normalisierung und Regenerierung etwas Zeit zu lassen
- Örtliches Sweaping des Wurzelchakra mit HWG und HWO
- Energetisieren des Wurzelchakra mit HWG,HWB und HWV, diesmal für 1 ganzen Atemzug
- Stabilisieren der Energie mit Himmel-Blau
- Abtrennen der Energetischen Verbindung zum Klienten

Diese Abfolge erhielt Arti am ersten Tag 3 mal. Am 2. und 3. Tag nur noch abends. Bereits 4 Tage nach der ersten Behandlung bekam ich Rückmeldung dass es Arti wesentlich besser ging.

Im Laufe der Zeit habe ich Arti dann noch einige Male unterstützt. Ich bedanke mich bei seinem Herrchen für diese Erfahrung. Ebenso betreute und betreue ich den bereits erwähnten Kater Moses auch per Fernsitzungen. Wie schon erwähnt hatte ich leider nur 1 mal die Gelegenheit Moses in seiner gewohnten Umgebung zu behandeln.

Am nächsten Tag unterzog ich Moses einer sanften Reinigung aller Chakren mit HWG und HWO und energetisierte diese anschließend für einen kurzen Atemzyklus mit HWG, HWB und HWV. Bereits 2 Tage später freute ich mich über folgenden Eintrag in meinem Kontaktformular, den ich ebenfalls wahrheitsgetreu 1:1 übernommen habe.

hallo siegfried, es ist eine Veränderung bei Moses aufgetreten, er hat sich etwas zurückgezogen, die Äugen laufen und sind etwas trübe...er ist nach wie vor mobil und hat 50g abgenommen..*freu ich muss am montag ins krankenhaus, ich denke er spürt meine anspannung und ängste vor der op... vielen lieben dank dir nachmals liebe grüsse monika

Ich biete allen Tierfreunden und Besuchern meiner Homepage an sich mit mir über mein Kontaktformular auszutauschen !!

Ich ließ dieser Fernsitzung mit Moses nur noch 1 weitere, vom Ablauf her identischen, folgen und es zeigte sich erneut eine Besserung und ein Feedback seines Frauchens.

hallo siegfried, dem kater geht es von tag zu tag besser, merke nur wenn du was machst...dann zieht er sich zurück und seine augen laufen...sieht auch so aus als würde sich das verfilzte fell lösen... du bist ein engel...vielen dank bin bis freitag nun im KH werde dir hoffentlich ab freitag wieder feedback geben können ganz liebe grüsse monika

An dieser Stelle hielt ich die energetischen Voraussetzungen für geschaffen, damit Moses sich selbst helfen kann.

Stimmen von Tierhaltern

Diese Texte sind unverändert übernommen worden und schildern den Behandlungsverlauf aus der Sicht der Tierhalter.

<u>Originaltext von Norbert Bandholz per Mail erhalten:</u>

Arthur (Rauhaardackel, saufarben, 2 Jahre alt) und Paula (Rauhaardackel-Mädchen, rot mit Löckchen, 1 Jahr alt, toben durch Ihren großen Garten. Irgendwann im Herbst 2007. Ich bemerkte ein paar Tage später, dass Arthur seinen Kopf und somit auch seine Ohren, sehr vorsichtig schüttelte. Beim abendlichen Kampfkuscheln, wobei sich Arthur immer als erster an mich drängt, merkte ich an seiner linken Ohrspitze etwas „knubbeliges". Es war ihm unangenehm wenn ich die eben genannte Stelle berührte. Er drehte den Kopf dann in eine andere Richtung. Ich dachte zuerst an eine Zecke aber nach näherem hinsehen, sah ich, das Arthur sich verletzt hatte. Gefecht mit Paula? Ne, das hätte ich mitbekommen. Ich habe einige Rosenstöcke im Garten und einen großen, wild wachsenden Dornenbusch, in dem die beiden Racker gerne stöbern. Das wird es sein, dachte ich mir. Nun ja, das wird schon heilen, dachte ich mir. Es verschorfte ja schon. Die Tage vergingen und ich pflegte meinen Kontakt zu Siegfried. Ich erzählte von meiner „Dackelbande" und er sagte mir, ich solle die Wunde gut beobachten.
Arthur fing nun auch an, am Ohr zu kratzen. Nicht die Wunde, er versuchte eher ins Ohr zu gelangen. Wenn ich meinen Finger in sein Ohr steckte, drückte

er dagegen und es schien ihm zu gefallen. Ich erzählte es Siegfried und auch mit Hannah sprach ich darüber. Hannah meinte, Johanniskraut Öl sei gut für die Wunde und das Jucken. Ich kaufte mir also das besagte Öl und rieb ihm vorsichtig das Ohr ein. Es wurde besser mit Arthur. Er ließ mich nun aber nicht mehr an sein Ohr. Siegfried sagte mir schon vorher, dass er mal bei Arthur nachsehen wolle. Mir war das bissel schleierhaft, wie er das nun machen will. Er wohnt ca. 800 km von mir entfernt. Ich hatte schon mitbekommen, in dem Esoterik Forum, in dem wir uns manchmal trafen, das er mit Tieren, ins besondere mit Pferden arbeitet aber auch mit Hunden.

Wir sprachen dann über seine Gabe und das helfen mittels Prana. Ich verstand es sehr gut und war auch bereit dazu, Arthur helfen zu lassen. Siegfried bekam ein aktuelles Foto von Arthur per E-Mail gesendet. Es ging Ihm mittlerweile sehr schlecht. Er kratzte sich wie wahnsinnig und tat sich selbst weh. Außerdem fraß er nicht mehr richtig und war ziemlich mau.

Siegfried versprach nun Arthur zu helfen. Ich war glücklich, denn ich merkte, dass es „Arti" so richtig schlecht ging. Wir verabredeten uns zum späten Nachmittag und ich sollte bestmöglich Paula von Arti fernhalten. Gesagt getan. Arti wurde immer ruhiger zum angesagten Zeitpunkt.

Paula ließ ihn auch ganz von alleine in Ruhe. Ich brauchte kaum eingreifen. Ich selbst merkte, wie ich ruhiger wurde. Arti zog sich nun ganz zurück und ward bis zum nächsten Morgen nicht mehr zu sehen. Er verkroch sich in seine Kissen Höhle. Den nächsten Tag war er ziemlich angeschlagen und ich telefonierte mir Siegfried. Erzählte ihm von Arti und er beruhigte mich. Arti braucht jetzt Ruhe und dafür habe ich dann auch gesorgt. Wieder einen Tag später, tollte er in alt gewohnter Manier durch den Garten und ließ vor Paula den „Macker" raushängen. Zum Ende will ich noch kurz erzählen was ich unternommen habe um Arti voll und ganz wieder her zu stellen. Mittlerweile ist Gewebe abgestorben und er hat eine Kerbe im Ohrläppchen

Er riss sich im Februar 08 noch einmal die schwer heilende wunde auf und es blutete sehr heftig.
Er schüttelte sich und es sah um ihn herum aus wie in einem Schlachthaus. Ich bin sofort mit Ihm zum Tierarzt und er hat ihn behandelt.

Arti musste eine Vollnarkose bekommen, weil er ansonsten den Tierarzt auseinander genommen hätte. Bei der Gelegenheit habe ich gleich seine Ohren gründlich säubern lassen. Nun ist soweit alles in Ordnung und ich habe die Rosen umgesetzt und den Dornen Busch entfernt. Siegfried erkundigt sich regelmäßig nach meiner Dackelbande.

Ende Originaltext von Norbert Bandholz

Zu Herrn Bandholz hat sich mittlerweile eine Freundschaft entwickelt und ich werde auch zukünftig für ihn und seine Dackelbande da sein, wenn sie Hilfe benötigen. Aus einer ganz anderen Ecke Deutschlands ereilte mich auch ein Hilferuf. Timmi, der Hund von Miriam war schwer erkrankt. Er hatte sich regelrechte Fellstücke blutig gekratzt. Außerdem litt er an einer

Borreliose sowie einer Hundemalaria, Schmerzen beim Wasserlassen usw. Nach einigen Fernsitzungen kam die Rückmeldung dass es Timmi bereits besser ginge. Mittlerweile braucht er nur noch selten meine Unterstützung. Doch lesen Sie selbst, was das Frauchen von Timmi, dem Schäferhund Mischling, mir per Mail geschrieben hat. Sie war auch so lieb mir ein aktuelles Bild zu- kommen zu lassen.

Da Timmi eine schwere Kindheit hatte, er wurde sozusagen weitergereicht, freut mich das Ergebnis umso mehr. Hier die Mail von Miriam im Originaltext.

Originaltext von Miriam per Mail erhalten:

"Tim geht es gut. Er ist durch und durch lebenslustig und liebenswürdig. Nun möchte ich Dir in seinem Namen für Deine professionelle Hilfe von ganzem Herzen danken. Mit Deiner Unterstützung hat er erfolgreich eine Malaria und eine hochgradig ausgebrochene Borreliose überstanden. Allgemein ist sein Befinden wie man sich mit 12 Jahren und einer grauen Schnauze so fühlt. Neulich hat er mit seinem Freund "Rocco" den Nachbarshund geärgert undseine alten Knochen etwas überanstrengt beim Hochspringen des Zaunes. Die nächsten 24 Std. hiess es humpeln, aber das Ganze war auch ganz schnell wieder vergessen.

Er liegt viel in der warmen Küche auf seinem Teppich und genießt sein Leben, jeden Tag aufs Neue. Wie es die Opas halt so haben, heute dieses Zipperlein, und morgen ein anderes...

Es sei denn, es kommt eine hübsche Dame ums Eck bei einem unserer Spaziergänge, dann ist er jung wie eh und je..."

Anbei Bilder vom heutigen Tag. Unser Spaziergang heute Nachmittag und beim Heimkommen heute Abend.Noch einen lieben Gruß an Dich und einen schönen Wochenanfang
Miriam

Ende Originaltext von Miriam per Mail erhalten:

Präventivmaßnahmen und Steigerung der Leistungsfähigkeit

In diesem Kapitel möchte nicht über Prophylaxe reden. Das hatten wir bereits zuvor. Ich möchte Prophylaxe und Prävention trennen. Bewusst trennen.
Mit Prophylaxe wollte ich die eine Krankheit vorbeugenden Maßnahmen ansprechen, wobei ich mit Präventivmaßnahmen an eine, im Vorfeld einer gewünschten Optimierung stattfindende Sitzung denke. Jeder der schon einmal in einem Verein Sport betrieben hat und zu Vergleichen, sei es ein Mannschaftsvergleich oder das Messen mit einem einzelnen Gegner, wollte, musste sich von seinem Trainerin / Trainer folgendes am Tag vor der Veranstaltung anhören. „Bitte keinen Sex !" Das hat Sie oder Er nicht gesagt um Ihnen den Spaß zu vermiesen oder Sie in ihrer persönlichen Freiheit einzuschränken. Nein. Das Gegen-teil ist der Fall. Es wurde Ihnen gut gemeint. Aber wieso ?
Beim Sex ist das Sexualchakra sehr aktiv. Wenn Sie jetzt einmal nachlesen welches Organ das Sexualchakra versorgt, wird Ihnen einiges klar.
Die Beine werden durch das Sexualchakra energetisiert. Wird dieses nun durch den Sex überanstrengt ist es am nächsten Tag unterversorgt mit Prana und kann somit nicht die benötigte Energie an die Beine weiterleiten. Ergebnis: Sie erleiden ein Leistungsdefizit von mindestens 20% und mehr. Wie und wo können wir nun dieses Wissen nutzbringend anwenden ?

- Um die Kraft für den Täglichen Ausritt zu erhalten und zu steigern
- Um die Strapazen eines Tagesausrittes zu minimieren
- Um die Leistung allgemein zu steigern
- Um im Leistungssport die letzten Reserven zu aktivieren?

Im letzten Fall wäre dies ein „Natural Doping" wie es seines Gleichen suchen würde und das für meinen Begriff, keinen Verstoß gegen die Dopingverordnung darstellt. Ich tue das schließlich und endlich um dem Tier bei einer überhöhten Belastung Reserven zur Verfügung zu stellen.

Doch man sollte die Sache langsam angehen. Sich zuerst seiner Motivation bewusst werden. Danach einen passenden Sitzungsplan zurechtlegen und diesen dann in die Tat umsetzen. Wie könnte so ein Sitzungsplan aussehen ?
Nun. Er sollte sich so gestalten, dass man das Pferd langsam an den erhöhten Energiestatus im Sexualchakra gewöhnt und nach der erhöhten Belastung die Normalisierung wieder durchführt.

Eine ständige Energieerhöhung des Sexualchakras könnte auf Dauer die Bildung von Sommerekzemen fördernd vorantreiben. Da wir jedoch von ganzheitlichem Heilen reden, müssen wir bei allen Betrachtungen auch immer alle Aspekte berücksichtigen.

Somit geht dieses Kapitel fließend in das nächste über: dem Kapitel Energiecoaching, in dem ich für beide Probleme gemeinsam den Lösungsansatz eines Sitzungsplanes darstellen möchte. Wie Sie das hierdurch erworbene Wissen umsetzen bleibt ihnen überlassen. Ich möchte Ihnen jedoch die Möglichkeiten aufzeigen, mit dem Appell verbunden, das Wohlbefinden ihres Tieres immer an erste Stelle zu setzen.

Energiecoaching

Wie oben bereits angeführt kann man die Energie des Pferdes verbessern und stabilisieren, alleine schon durch die Pflege des Sexualchakras. In dem Zusammenhang fiel das Wort
„Natural Doping". Der Himmel weiß, dass ich Sie auf gar keinen Fall zu Doping im wörtlichen Sinne verleiten oder anstiften möchte. Nie und Nimmer.
Doch abgesehen von den Haus – und Freizeitpferd gibt es auch noch Sportpferde im Hochleistungsbereich. Was ist mit denen ?
Mit den Stuten ist es recht einfach. Halten sie ihre Stute 2-3 Tage vor einem Rennen vom Hengst fern und halten Sie eine Pranasitzung mit dem Tier nach dem Behandlungsplan den Sie bereits oben angelegt haben, ab.
Wenn ich mir jedoch Hengst und Wallach betrachte sieht es etwas anders aus. Der Hengst verfügt über ein wesentlich ausgeprägteres Sexualchakra als der Wallach. Dieses jetzt noch zusätzlich zu vergrößern und sich der Gefahr einer Fehlfunktion durch Überenergetisierung auszusetzen wäre gefährlich und sollte unbedingt vermieden werden.

Stünde ich vor der Wahl solch eine Sitzung nach Abwägung meiner moralischen Aspekte, die jedoch nur im Bereich Profisport bestehen, durchzuführen würde ich zuerst ein allgemeines Sweaping durchführen. Danach ein örtliches Sweaping mit HWG, HWO und würde das Sexualchakra frisch für 10-12 AZ mit HWG,HWB und HWV energetisieren.

Danach wie immer stabilisieren mit HWB und das Abtrennen nicht vergessen.

Doch wo besteht die Gefahr ?
Wenn Sie das Sexualchakra noch mit zusätzlichem Prana versorgen und dadurch eine Energetisierung stattfindet, braucht das Sexualchakra sehr lange, bis es den Überschuss
an die anderen Chakren verteilt hat. Somit erreichen Sie vielleicht sogar den entgegengesezten Erfolg. Ihr Hengst würde evtl. langsamer durch die Sitzung als er es durch den Besuch bei einer Stute hätte werden können.
Es liegt mir am Herzen ihnen zu sagen, dass ich hier keine Bewertung vornehmen möchte, ob Stute, Hengst oder Wallach das bessere Rennpferd ist. Ich möchte auch nicht den Zeigefinger erheben, sonst würde ich die Möglichkeit des „Natural Doping", nicht erwähnen. Meine Betrachtungsweise basiert auf rein energetischen Gesichtspunkten und ist dem Wohl ihres Tieres gewidmet. Für den verantwortungsbewussten Umgang mit diesem Wissen stehen Sie selbst in der Verantwortung.

Eriks´s Sitzungsplan

Sicher haben Sie einen Behandlungsplan für den Klienten Erik angelegt und sich auch schon Gedanken gemacht welche(s) Chakren / Chakra betroffen ist.

Wenn Sie ihren Behandlungsplan fertig haben, vergleichen Sie mit dem Sitzungsvorschlag den ich Ihnen unterbreiten möchte.

- Allgemeines Sweaping (immer zu Beginn einer Sitzung)
- Formulieren Sie ihre Absicht das rückwärtige und vordere Solarplexuschakra zu reinigen
- Ebenso den gesamten Bauchbereich
- Formulieren Sie ihre Absicht das Nabelchakra zu Reinigen
- Energetisieren Sie das Solarplexuschakra mit HWG für 6-8 AZ
- Nehmen Sie erneut ein örtliches Sweaping vor.
- Energetisieren Sie das Nabelchakra mit HWG, HWO und HWV für jeweils 6-8 AZ
- Führen Sie ein örtliches Sweaping am Wurzelchakra durch
- Stabilisieren Sie mit HWB und trennen sich ab

Sicher gibt es für jedes Problem auch mehrere Lösungswege, doch ich möchte Ihnen aus meiner Erfahrung am und mit dem Tier diese Form nahe legen.

Nachlese

Ich möchte mit diesem Buch Wege aufzeigen unseren Freunden den Tieren in jeder denkbaren Weise zu helfen. Angefangen bei Unregelmäßigkeiten bei der Verdauung, Nasenhöhlenentzündung, bis hin zur Artrose oder auch ganz simpel ihr allgemeines Wohlbefinden zu verbessern. Alle gezeigten Übungen und Grafiken stellen nur ein absolut notwendiges Mindestmaß an Informationen dar. Keinesfalls möchte ich als „Lehrer" fungieren oder einen falschen Eindruck hinterlassen, da ich dieses Ziel meiner Ausbildung noch nicht erreicht habe. Ich möchte jedem, der sich für diese Art der Energiearbeit interessiert, nur erneut, wie es bereits im Vorwort geschehen ist, Prana Seminar ans Herz legen.

Ich empfehle Ihnen die Seminare Prana I & II, die einen Großteil der hier gezeigten Vorgänge abdecken. Zumal diese dort, von zertifizierten Pranalehrern gezeigten, Fertigkeiten es Ihnen auch ermöglichen sich und ihren Mitmenschen mit Energiearbeit zu helfen.

Termine finden Sie auf der Homepage

http://www.prana-heilung.de/

des Prana Germany e.V., dessen Mitglied Sie selbstverständlich auch werden können.

Dort finden Sie qualifizierte Ansprechpartner in ihrer Nähe. Vertrauen Sie sich ihnen an. Sie sind in guten Händen.

Namasté ihr Siegfried Sticher
Mitglied im Prana Germany e.V.

Ausklang

Wenn Sie, in einen Eimer Schmutzwasser sauberes Wasser gießen um ihn zu reinigen, benötigen Sie viele hundert Eimer frisches Wasser, um dann zu erkennen dass sie den Eimer so nie richtig sauber bekommen.

Gießen Sie das Schmutzwasser weg. Zum Ausspülen des Eimers brauchen Sie nur wenig frisches Wasser und das Ergebnis ist ein absolut sauberer Eimer.

Warum erzähle ich Ihnen das?

Vermeiden Sie, außer in wenigen Ausnahmefällen, das Energetisieren ohne ein gründliches Sweaping. Sie werden zwar, sollten Sie sich meinen Rat zu Herzen nehmen und Prana Seminare besuchen, auch andere Beispiele gezeigt bekommen, doch in der Regel sollten Sie meinen Rat befolgen,

Namasté

Ihr Siegfried Sticher